大人的日本史

涂豐恩 著

推薦序

解構錯綜複雜，建構簡明扼要之島國通史

【早稻田大學亞細亞研究機構主任研究員】紀旭峰

回溯約四百年前的亞洲海域，正逐漸形成一個日益頻繁之交易、交流網絡。而來自西洋的新成員也積極加入這場角力戰。面對西力東漸之潮流，當時的日本採行有條件的鎖國政策。不過，隨著黑船來襲，日本再也無法抵擋這股來自西洋列強的壓力。而西洋文明帶來的衝突可能是無遠弗屆的，不僅是產業經濟，也造成政治、軍事、外交、教育、思想、宗教、衛生等全方位的影響。再加上明治政府嘗試與世界秩序接軌的因素下，日本內部發生數次前所未有的質變（包括挑戰朝貢體制、成為萬國公法規定的一等國等）。因此，不論是以「講故事」或「檢證歷史」的角度來說，這約莫四百年之歷史過程，就如作者於〈前言〉中提及這本著作不僅是簡史，同時亦可界定為繁史。

接受正統歷史訓練的作者除了擁有對歷史的敏銳洞察力外，也兼具了自在游移於歷史空間之能力。這是包括筆者與許多歷史研究者在所欠缺的。若僅由頁數來判斷的話，此書稱不上是部「巨作」，但就整體的敘述而言，筆者認為將它定位為近世以後的日本通史也不為過。特別是作者於各章節中甚為巧妙地，且適時地嵌入各種相關之關鍵元素（人、事、地、物）。此外，不論是歷史的偶然或必然所造成，作者皆用心鋪陳登場之人事物，並且營造出相當適切的連結與因果關係的描述。

IAPONIA
Bacasa
Sisime
Sando
Tango
Tagima
Canga
Novi
Hiechigen
Vacasa
Tamba
Meaco
Vlluomy
Hietchu
Hiechigo
Villoxcu
Deua
Ximocciqe
Fitachi
Mussaxi
Nasima
Rinano
Finda
Hitchu
Farima
Hinga
Cay
Simotusa
Itoquichima
Sacay
Cavachi
Hoxe
Mino
Vlloari
Hizu
Toy
Surunga
Ava
Ilha dos ladrones
Samuqui
Tonsa
Ava
TONSA
Quinocuni
C. das Cestos
Mitsuquimi
Ensuma
Gisima
CHINENSIS
Navigij genus ex Insula Japonia velis ex arundine contextis ligilisq anchoris
US
Leuae Hispanicae
Milliaria Germanica
5 10 15 20 25
5 10 15 20

一六四〇年，荷蘭出版的日本古地圖。© Shutterstock

撰寫通史是一個困難度極高的作業，除了須考慮外部與內部各種層面因素外，更必須盡可能顧及平衡各方面的敘述比重。作者秉持著「希望能將臺灣放入故事中，提醒大家那時候臺灣在哪裡？又在做些什麼。」的問題意識下，於首章「鎖國」選擇鄭芝龍與鄭成功父子來破題，成功地打開了近世日本透過海來與亞細亞進行朱印船貿易等的交流。而同時也藉由此敘述，來加以點出臺灣在亞洲所扮演的角色。其後，包括日本的臺灣殖民地統治在內，直到今日，「日本」這個元素就如「中國」一般，不管是有形或是無形，總是牽動著臺灣。有時它具有正面力量，有時甚至是以一種類似揮之不去的亡靈出現在臺灣人周遭。但誠如作者所言，從帝國角度來說，過去臺灣曾一度「成為日本的一部分」。可是，從臺灣的角度，日本也成為這座島嶼的歷史一部分，不可否認，也無法迴避」。筆者認為作者這見解也適用於我們在面對建構或詮譯臺灣的各種歷史階段上。

回顧近世之後的日本歷史展開過程，除了內部因素外，再加上世界秩序構造的變化而呈現環環相扣。日本近世以來，經歷了鎖國、明治維新、膨漲的帝國主義、原爆、ＧＨＱ佔領（包括沖繩）、美日安保、高度經濟成長期的泡沫化、三一一地震、福島核災等數不清的課題。不過面對如此錯綜複雜的歷史背景，作者的筆觸依然淺顯易懂。雖然某些敘述略顯跳躍及不足，但是這也是「試行錯誤」過程吧！

再度回到「簡史」又是「繁史」的論點。基本上筆者覺得《大人的日本史》一書大概同時具有「通史」及「入門書」的兩種身分。因為它觸及到的層面及分野涵蓋了近世後的日本「涉外史」、「政治史」、「民眾史」、「世相史」、「思想史」、「文化史」等諸面相。

誠如書名《大人的日本史》，此書的主題是日本史。不過，透過此書可發現並找尋到臺灣的痕跡。由於日本與臺灣同屬四面環海的島國，不可否認地，有時日本的歷史就如一面鏡子反射在我們的歷史上值得借鏡。甚至有時候，此鏡子就如照妖鏡般讓我們有自省的機會。

讀日本歷史書籍人口及出版市場規模懸殊的影響下，日本坊間的書店充斥著各類型的日本史書籍，從學術專門書籍，一直到像河合敦《日本史圖解》（日文書名：早わかり日本史）等針對一般讀者為對象的歷史書籍也都唾手可得。相較之下，若想在臺灣的書店找一本日本史入門書籍，其選項相對減低不少。而《大人的日本史》一書，不僅提供讀者一趟可以跟隨作者進入時光隧道漫遊日本歷史的機會，同時讀者也可藉由書中提及之人事物，發現自己想深入探討的題材，及如何詮譯、建構臺灣通史的線索。

推薦序

一本寓教於樂的近代日本史讀本

【臺灣大學日本研究中心主任】徐興慶

在臺灣，若提到近代日本史，大家可能直覺地聯想到中日甲午戰爭、馬關條約、乙未割臺等敘述臺日關係的歷史。而日本人提到近代日本史則會想到美國培理（Matthew Calbraith Perry，一七九四～一八五八）艦隊的黑船解開日本鎖國、創造明治維新、戰爭給日本帶來的得與失及其經濟成長等相關問題。在東亞歷史的演變中，近代日本史的發展錯綜複雜，是大家在了解近代東亞史必須理解的一環。本書以「大人的日本史」為標題，意味著希望讀者以成熟思慮來理解近代日本史。如果筆者的解讀沒有錯誤，作者是希望讀者不只將近代日本視為「殖民者，是侵略者，是軍國主義的代言人」，而是可以客觀的思惟來理解近代日本的人、事、物之歷史演變，進而理解近代日本與東亞、與世界的互動關係。

在臺灣的大學正規教育當中，大概只有日文系與歷史系會開日本史的課，一般的大學生接觸近代日本史的機會不多，不知道日本德川時代、幕末維新的歷史，就難以理解近現代日本歷史的真相。國內有關日本史、臺日關係史、殖民史、中日關係史的教科書，並不算少，但本書從德川初期，鄭成功（一六二四～六二）誕生於日本最西的城市——平戶，寫到平成經濟失落的年代，描繪了近四百年的日本史。作者以遊記、說故事的方式爬梳各種日本史、文化史的演變與情境，給人閱讀小說的感覺，有趣、生動，又不失歷史的真實性，

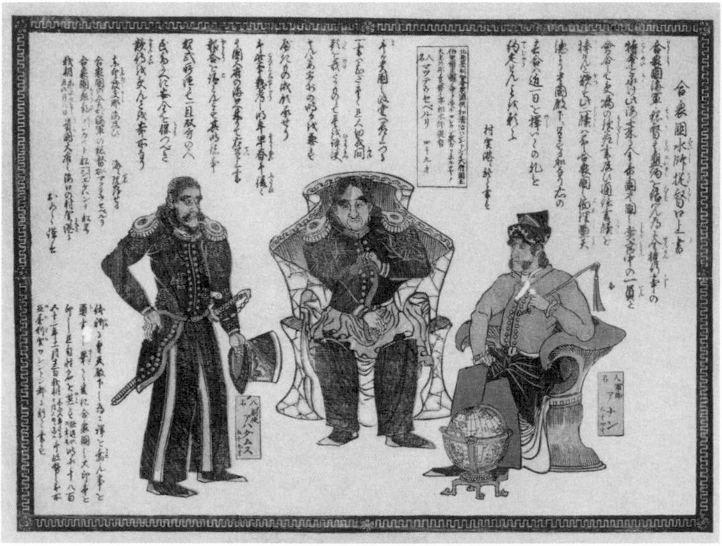

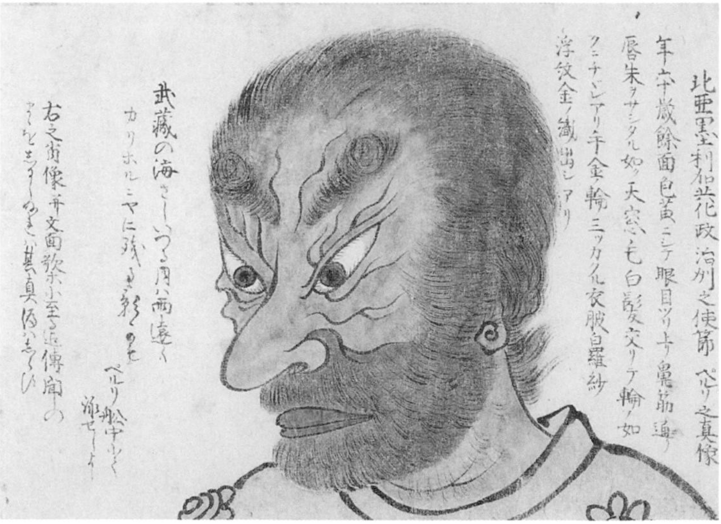

（上）司令官亞當斯，提督培里，艦長安南。（下）另一種培里。

這是本書的魅力之處。例如，作者會告訴你「大阪城」如果依照今天的物價，其造價高達七百八十五億日圓；現今日本大中小企業對員工實施「單身赴任」的制度是與德川時代的武士有關。以浮世草子的知名町人井原西鶴（一六四二～九三）的作品《好色一代男》、《好色一代女》中，描述男女主角從七歲情竇初開、初知男女之事，到一輩子都在情色愛欲的世界裡打滾的情境，以虛實的故事穿插描繪德川社會「浮世」（Ukiyo）的人生百態。此外，多數人會將日本的德川時代與「鎖國」劃上等號，但其實不然。作者告訴大家，德川幕府留下了北端的「松前藩」，南端的「薩摩藩」，對馬海峽之間的「對馬藩」，以及九州的長崎港，細說當時代日本與世界各國的交流關係，如實反映了日本面向海洋，攝取外來文化的歷史。凡此種種，穿插在本書各章的內容之中，不失為一本寓教於樂的近代日本史讀本。

在日本近代化的過程中，當時的啟蒙思想家福澤諭吉（一八三五～一九〇一）於一八六〇年即隨「咸臨丸」的指揮官、幕末開明的政治家勝海舟（一八二三～九九）前往美國考察，一八六二年又隨「遣歐使節團」赴歐洲遊歷。福澤的海外經歷，讓他感受到西方學問的重要性而寫下《西洋事情》（一八六〇～七〇，十冊）一書，內容涵蓋西方國家的政治、H稅制、國債、紙幣、外交、軍事、科學技術、學校、新聞、醫院、博物館、蒸氣機關、電信機等，目的是希望日本社會能向西方學習並引進這些制度。

隨後，德川幕末的「岩倉使節團」（一八七一～七三）帶著一〇七名各界菁英，大規模邁向西方學習，後來與李鴻章簽定《馬關條約》，強行拿下臺灣的伊藤博文（一八四一～一九〇九）也在其列，當時他只有三十一歲，而日本女子教育的先驅者，年紀最小的津田梅子（一八六四～一九二九）當時只有八歲，這些幕末的菁英，以一年十個月的時間周遊歐、美，接觸西方文明及思想，給明治政府帶來治國的藍圖，其中的留學生也在回國後活躍在政治、經濟、教育、文化等各個領域，對日本的文明開化做出了重大的貢獻。明治維新後，福澤繼續大力提倡普及西學，他在日本報章《時事新報》（一八八五年三月十六日）發表一篇不署名的短文〈脫亞論〉，左批中國，右打朝鮮，引導了日本吸收西方近代文明的發展方向，日本因被迫門戶開放而與世界接觸，本書對於福澤攀登文明的階梯有詳細的介紹。

何謂「文明開化」？本書對於日本如何廢除武士？揭開日本的現代神話——天皇的神秘面紗、如何打造新國家？「自由民權」、「民本主義」是什麼？如何追求理想的政治？如何推行「小國主義」，避免在帝國主義的浪潮中滅頂的歷史脈絡，均有著墨。此外，處於日本邊陲的北海道、琉球，本書從「遼闊大地的哀愁」、「消失的王國」的角度分析；對於殖民地的朝鮮、滿洲，以「來自殖民地的吶喊」、「暴走的帝國」的思惟做介紹；有關戰爭的問題則以「染血的櫻花」為主軸，分析麥克阿瑟（Douglas MacArthur，一八八〇～一九六四）重建日本，東大教授丸山真男（一九一四～一九九六）批評戰爭的責任，引導讀者重拾戰爭的記憶及反思戰爭對人類帶來的破壞。

本書以遊記的方式撰寫，無論就文化史的發展、制度的建立、人物的崛起及其思想的演變，或是戰爭的過程、災害的重建、經濟的成長，均以淺顯易懂的方式描述，堪稱雅俗共賞。本書可以成為一般民眾容易理解近代日本史的讀物，本人樂予推薦。

目錄

前言

寫給臺灣的日本歷史

二〇一〇年的冬天，我第一次到了平戶。

這座小城位於日本南部的九州。四百年前，它曾經是個最熱鬧的港口，從世界各地來的商人與傳教士，會從此地上岸，開始他們在日本的種種探索與冒險。

只不過，經過了四百年，物換星移，當初人來人往的光景已經不復見。還記得那天天氣欠佳，街上遊客不多，行人也少。整座小鎮很安靜，就連火車站前都顯得有些寂寥。

我在旅館放下行李，稍作休息後，準備前往此行目的地。

從地圖上看來，目標就在距離平戶市區不遠處，徒步就能到達。可是才出門走了一陣子，我就發現自己錯了。從地圖上獲得的空間感並不準確，實際的目標比想像中的更遠，再這樣走下去，不知何時才能抵達。再說，當時已經是下午，再過不久，日暮西垂，也許天就要黑了。

我決定隨手招了一台計程車，用不熟練的日文，嘗試與司機說明我的目的地。儘管幾個句子講得坑坑巴巴，但我確定司機理解我想表達的意思，因為他顯然聽懂了其中的三個關鍵字：鄭成功。

平戶。這裡是鄭成功的出生地。

三百多年前，他的父母親就是在此地相識。儘管故事的細節大多已經消失在歷史中，但當地還留下了一些蛛絲馬跡，給人想像的線索。平戶政府找到鄭成功幼年居住過的地址，在該處立了一個小小的解說牌，不過房子已經不在了，只剩下幾棵大樹。

根據傳說，鄭成功的母親當年懷孕時，散步到海邊撿貝殼，一時感覺腹痛，便生下了鄭成功。傳說中的地點，也有一塊紀念碑，上頭寫著「鄭成功兒誕石」。

當地還有一座專屬於鄭成功的小廟，小廟入口的不遠處，矗立著一張大型看板，將他稱之為「亞洲英雄」。

這次造訪平戶，就是希望能看看這幾個和鄭成功相關的遺跡。

計程車司機載著我，在沿著海岸線的公路上奔馳，沒過多久就到達了目的地。

但出現在我眼前的光景，卻與原本的想像不太一樣。和其他熱門的觀光景點相比，這幾個地方真是顯得寂寞了。

抵達鄭成功廟的時候，外頭杳無人跡，我是唯一的旅人。小廟的外頭有個看板，記錄著平戶與臺南市政府聯合舉辦的慶祝活動，看來十分盛大。但廟的本身似乎缺乏維護，外表已經出現斑駁。

我又從鄭成功廟繼續走到其他幾個地點，情況也差不多如此。

亞洲英雄的光芒，好像有些黯淡啊。

即便如此，幾年之後我仍常常想起這段旅程。

一位與臺灣歷史如此攸關的人物，卻出生在日本，還可能是個中日混血兒。從小我們

（上）鄭成功兒誕石。（下）鄭成功廟。

被教導，鄭成功是打敗荷蘭人的中華民族英雄，但對這段日本淵源卻很少多做著墨，好像說出來有些尷尬。不過，如果拋開民族主義，回歸歷史情境，這件事是不是能告訴我們什麼呢？

鄭成功之所以出生在日本，或許只是個歷史上的偶然事件，但是，假如沒有那個時代繁榮的海洋貿易，沒有各區域之間頻繁的交通，這件事恐怕也不可能發生。每個看似偶發的事件，背後其實都有跡可循，每個看似孤立的現象，都反映著時代的環境與背景。

鄭成功的時代，是一個連結的時代，商業與貿易為世界打造出了一張巨大的交流網，將地球的各個角落串連在一起。臺灣與日本的歷史，也從那時開始，有了許多意想不到的互動與共鳴。舉例來說，曾經停留在臺灣的西班牙人、曾與鄭成功交手的荷蘭人，都曾到過日本，或者傳教，或者做生意。鄭氏政權在臺灣的期間，日本也一直是他們相互往來的貿易夥伴。

而在鄭成功身後兩百多年，臺灣與日本的歷史，又以另外一種方式，更緊密地交織在一起——在甲午戰爭過後，臺灣變成了日本的第一個海外殖民地。

這段過程，早早就被寫進了教科書，多數讀者已經耳熟能詳，不足為奇。雖然如此，我們是不是還有可能找到新的觀點，重新思考這段歷史？

傳統的歷史書寫總是說，從帝國的角度看來，臺灣成為日本的一部分。可是，假如我們換個方向，從臺灣的角度出發，我們也可以說，日本成為了這座島嶼的歷史一部分，一個不可否認也無法迴避的部分。少了它，島嶼的身世就空白了一大塊，很難說得清楚。

用另一種方式說，日本帝國的歷史，其實也是屬於臺灣的歷史。

等到二次大戰結束，臺灣終於擺脫日本殖民地的身分，但臺日雙方的互動從未因此斷絕。來到臺灣的國民黨政府，表面上宣傳反日教育，但在國際政治中，卻是與日本站在同一陣線：當時的臺灣與日本，外加南韓，全都是美國在亞洲的前線。

至於臺灣社會與日本之間錯綜複雜的情感，時而愛恨交織的態度，還有經濟與文化上的頻繁往來，更是未曾停止的現在進行式。

這麼說來，臺灣的讀者應該有許多理由，更加深入地了解日本的歷史。

奇怪的是，我們知道得很少。

大眾媒體上零碎、片段，時而錯誤的資訊暫且不論，在現有的正規教育中，日本歷史幾乎是缺席的。它不屬於臺灣歷史，不屬於中國歷史，也不屬於世界歷史——因為我們的世界史常常只等同於歐美的歷史。結果，沒有人知道它該放在哪裡。學院中對於日本歷史的研究，也一直沒有受到足夠的重視。

就算出現在教科書中，它也只能被簡化為兩種截然不同的形象。

一種形象是非常正面的：日本成功地推動明治維新，效法歐美列強，晉身強國之林，走向現代化的世界。它是中國的對照組，相比之下，同樣面對內憂外患的清朝，看來如此腐敗、如此不堪。

另一種形象的日本，則是如惡魔般邪惡：它是殖民者，是侵略者，是軍國主義的代言人。它在戰場上燒殺擄掠，在戰爭結束之後推諉卸責。它是我們必須憎惡與批判的對象，也成為政府教導人民愛國的理由。

這兩種傳統教科書的描述，或許都捕捉到了日本近代歷史的某一面。不過，也只是一面，它既不完整，有時還可能是扭曲的。

平戶出生的亞洲英雄。

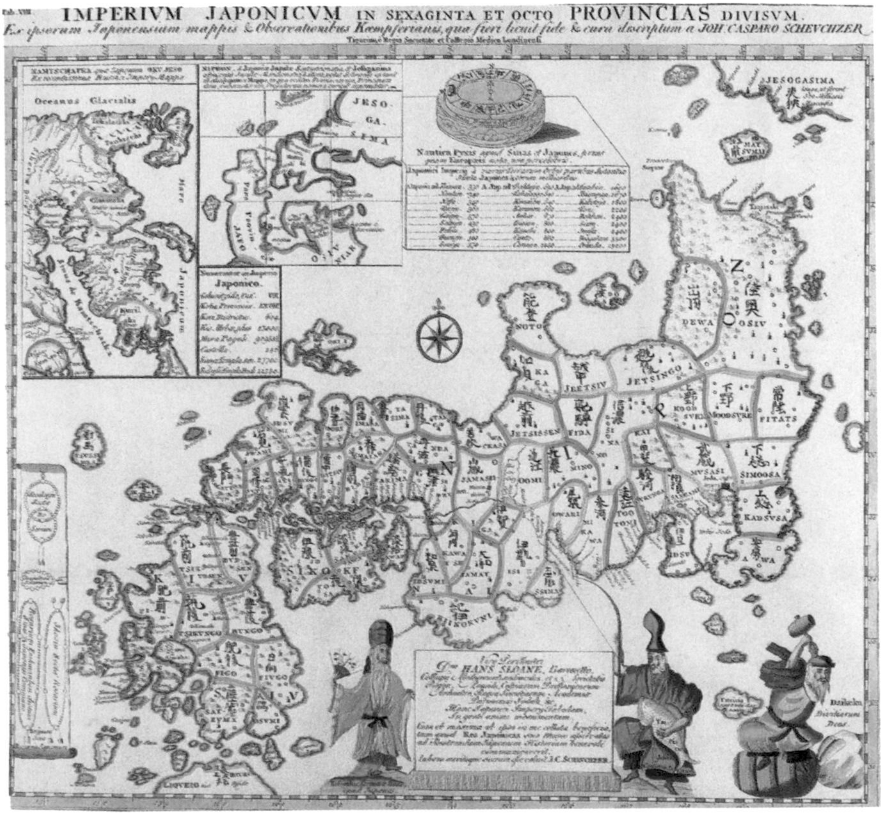

一六四〇年，荷蘭出版的日本古地圖之二。© Shutterstock

那麼，臺灣的讀者究竟該如何認識日本的歷史呢？

這是撰寫這本書時，縈繞在我心中的問題。

歷史有時候像是一齣寫好的劇本，劇情都已然確定，不可任意更動，即便如此，每個表演者在演出時，仍然可以選擇不同的詮釋方式。同樣地，每一段已經發生過的歷史，隨著說故事的觀點與角度，也可以有著不同的面貌。

最後呈現在各位讀者面前的內容，既是一部日本簡史，又是一部日本繁史。它從鄭成功的年代，一路講到我們生活的當下。

它是一部簡史，因為我希望盡量將故事講得清晰直白，簡單明瞭，避免術語，也避免無趣的細節。對日本歷史的專家而言，它或許不夠深入，太過簡略；但這本書所預設的，是寫給剛剛入門，對這段歷史認識不多，卻抱持著好奇的讀者。我期待讀者在看過這本小書後，能夠對日本近代歷史的輪廓，有個粗淺的印象、大致的理解。如果有人能夠被其中的幾個故事打動，產生一些興趣，那這本書就已經達到它的目的了。

不過同時，這本書又是一本「繁史」。這是因為我希望寫出一段多元的歷史，而不只將眼光集中在少數人身上。

的確，帝王將相、商業鉅子，他們的一舉一動，對這世界的影響力比一般人更為強大，他們在歷史上，也有難以取代的重要性。即便如此，本書想保留一些空間，給那些在歷史上沒有聲音的人，像是勞工、女性，又或是一般的平凡百姓。面對同樣的時代浪潮，他們所感受到的，可能和有權有勢者非常不同，但他們的經驗，未嘗沒有重要的意義。

再說，每一個國家的歷史都不簡單，日本也一樣。每一個社會中都會有著眾多的群體、不同的聲音，我們需要有點耐心，理解其中的複雜與差異，不應該再像過去一般，用幾個簡單的標籤，貼在日本之上，不管這樣的標籤是正面還是負面。

在有限的篇幅裡，這本書當然不可能面面俱到。我只能時時提醒自己以上的標準，寫出歷史洪流之中，各式各樣的姿態和身影。這本書選擇書寫北海道與琉球的住民、殖民地的體驗，或者寫為自身生存抗爭的男男女女，都是出於同樣的原因。

另外，這本書雖然是聚焦於日本，卻也強調它與外在世界的互動。日本不是一個孤立的世界，它在過去幾百年所經歷的變化、面臨的問題，是和全世界的歷史脈動交織在一起的。在一個國際交流日益頻繁的當下，這樣的觀點應該能給我們更多的靈感與啟發。

而在適當的時候，我也嘗試將臺灣放入故事的敘述當中。如同前面所說

平戶和蘭商館遺址。

的，對臺灣而言，日本的歷史其實並不那麼遙遠，從一個全球的、更加宏觀的角度，這一點尤其明顯。藉由這本書，我希望邀請讀者，一起尋找這座島嶼在世界歷史上的位置，一起思考屬於我們的觀點。

這樣一說，似乎又有些嚴肅了。不過，這並不是一本普通的歷史教科書。

一般教科書通常比較像地圖，提供的資訊必須盡可能地完整、精密，而且看似客觀中立、面面俱到（雖然實際上未必如此）。然而，光是看著地圖，很少會讓人產生旅行的衝動。它是我們找路時的工具，卻不是我們上路的理由。

相形之下，這本書比較像是遊記——一段穿梭時空的旅行。

遊記是一個遠遊歸來的旅人，在描述自己所思所感、所見所聞。在寫作的取捨之間，總是反映著作者個人的經驗、觀點與興趣。

遊記的作者也與地圖繪製者不同，他總是熱切地想要告訴其他人，在這一路上，哪裡的風景最精采，哪裡才最值得一看。換句話說，他不會刻意隱藏自己的想法。除此之外，旅行者總是希望鼓舞其他人拿起地圖，一同探索，因為他相信，每一段旅程都將是獨一無二的；因為他知道，每個旅行者，都會在某條小巷子裡，發現別人不知道的風景。

這是一本寫給旅人的歷史書。

而我們該啟程了。

第一章

鎖國：一場歷史的誤會

一六六一年的十一月，鄭成功的父親鄭芝龍，因為被指控圖謀造反，被斬首於北京。有份記載說，當消息傳到臺灣時，鄭成功忍不住難過地痛哭流淚。

年輕時的鄭芝龍，曾經是大海上最活躍的一號人物。他從事貿易活動，勢力遍及日本、中國、菲律賓等地。他也是天主教徒，並擁有一個教名「尼古拉斯」，雖然更多人習慣稱他為「一官」。

在那個年代，這塊廣闊的東亞海域之上非常熱鬧。除了中國人和日本人，還有遠從歐洲來的商人以及傳教士。當時日本的貿易船，可以從南部的長崎出發，途經中國東南沿海，一路開往今天的馬來西亞和印尼等地。早在那個時候，從東北亞到東南亞，就存在著一個密切的貿易網絡。

可是，當鄭芝龍的生命走向終點的時候，這個世界，尤其是他所熟悉的大海，已經經歷巨大的轉變，和他年輕時截然不同了。當時的北京，落入滿洲人的手中，而原本的明朝政權，如今已經名存實亡，只能苟延殘喘。鄭成功

一人還在臺灣勉力支撐著，但是反攻的希望看來十分渺茫。

清朝政權為了防堵鄭成功，宣布把福建一帶沿海居民，往內陸遷居五十里，而且頒布規定，一般人都不能隨便出海。

無獨有偶，同一時間，日本政府對於海上貿易也正實施著嚴格的規範，不但日本人不能任意出海，外國船隻，特別是從歐洲來的商人，也不能隨便進入日本。原本自由的海域，頓時變得好似戒備森嚴。

不過，日本政府對於海洋的管控，不是為了防堵鄭成功——他們甚至跟臺灣的鄭氏家族保持著頻繁的往來。

日本所在意的，是另外一件事。

關原之戰。

事情要從一六〇〇年說起。那一年，日本發生了一場改變歷史的重要戰役。戰場上的一方，是軍事實力雄厚的德川家康；另一方，則是其他勢力聯合的軍隊。

日本原來的政治領袖豐臣秀吉，兩年之前剛剛過世，此時正是權力交替、政局不穩的關頭。德川家康在政府當中，本來就具有相當分量；秀吉過世之後，他想要奪取政權的野心，在旁人看來更是昭然若揭。不過，這是一個人人競逐權力的年代，沒有人會眼睜睜看著別人獨攬大權。

權力鬥爭很快演變成了軍事衝突，大大小小的戰役隨之爆發。最後在「關原」（位於今天岐阜縣）這個地方，德川軍與聯軍終於有了一場總決戰。聯軍的兵力與德川軍不相上下，但論士氣與戰術，則遠遠無法與之抗衡，因而節節敗退，結果讓德川軍大獲全勝。

經過這場關原大戰，德川家康理所當然地掌握了日本的大權。之後，他一步步消滅了屬於豐臣秀吉的舊勢力，除去反對的力量，最後連日本天皇也只能對他言聽計從。在德川家康要求下，天皇將他封為「右大臣」與「征夷大將軍」——這是只有執政者才能擁有的頭銜。

雖然頂著征夷大將軍之名，但德川家康並沒有四處征討蠻夷。相反地，他為日本帶來的，是此後兩百多年的承平時代。

德川政權上臺前，日本處於諸侯割據、征戰不休的分裂狀態。一直要到十六世紀後半葉，才在織田信長與豐臣秀吉等人的前後接力下，完成了全國的統一霸業。只不過，無論是信長還是秀吉，都無法維持一個長久的政權。他們一死，原本的鬥爭就重新再起，要等到德川家康接手後，這個混亂的局面才終於結束。

德川家康把它的統治機構「幕府」設立於江戶（今天的東京）。從這一刻起，到十九世紀幕府垮臺之前，日本國內再也沒有像關原之戰那樣大規模的戰役，也沒有了政權交替的動盪。德川家康的後代穩坐在執政者的位子上，這兩百多年的時間，也因此被稱之為「德川時代」。

德川時代的日本，一開始對外在世界還是採取開放的態度。當時從西班牙和葡萄牙等地，來了許多天主教傳教士。他們從十六世紀末開始，就已經在日本國內積極傳播基督信仰，成果豐碩。到了十七世紀初年，日本的天主教徒已經多達數十萬人。

天主教團體勢力越來越大，讓德川幕府感受到了威脅。他們最害怕的，是這群天主教徒，會跟反幕府勢力聯合起來奪取政權。於是，從一六一二年開始，幕府連續祭出法令，禁止人民信仰天主教。

為了壓制天主教發展，幕府採取了十分強硬的手段。比如，他們將耶穌或聖母瑪利亞的畫像發送到各地，要求民眾用腳踩過，不願意乖乖遵行的人，就會被認定是教徒。要是堅持自己信仰，不只必須接受刑罰，更有可能引來殺頭之罪。許多不願拋棄信仰的日本教徒，因此丟掉了性命，就連外國傳教士，也遭到追殺。

可是，信仰的力量非常強大，傳教士們沒有這麼輕易就放棄。他們無視於幕府的規定，繼續傳教活動。從西班牙來的方濟會傳教士，態度尤其強硬，結果觸怒了德川幕府。幕府因此宣布：所有西班牙船隻禁止進入日本。

但天主教徒與日本政府之間的衝突並未因此停止，反而在那之後，變得越來越激烈。

一六三七年，在九州島原一帶的天主徒，和飽受當地領主壓迫的農民聯合起來，發起了一場大規模的反抗活動，參與的群眾據估計超過了三萬人。事後，幕府認定葡萄牙人涉入這場動亂，他們因此和西班牙人一樣，被列入了貿易往來的黑名單中。換句話說，這場由宗教信仰引起的衝突，最終演變成為了商業上的禁令。

德川幕府不只禁止西班牙人和葡萄牙人進入日本，也禁止日本人任意出海。除此之外，在禁令發布之後，許多長期居住在海外、從事貿易的日本人，也無法回到國內，因而只能永遠留在異鄉。

對外的航海禁令，和幕府一樣維持了長達兩百多年。德川執政的時代，也因此幾乎與「鎖國」一詞劃上了等號。一般的歷史教科書這麼寫，日本的老師們也這樣告訴他們的學生。

不過，這真的是個「鎖國」的時代嗎？

德川時代的日本人並不這麼想，他們甚至不用「鎖國」一詞。這個名詞，是後來由歐洲人發明出來，才逐漸傳回日本國內的。

十九世紀歐洲強權崛起，四處征伐，自命為世界的主人。他們所到之處，當地人只能乖乖迎接，沒有拒絕的權利。像德川日本這樣把歐洲人拒於門外的政策，自然是不被允許的。

隨著西方的經濟崛起、軍事擴張，他們的世界觀也變得越來越強勢。許多日本人接受了西方世界的想法，認為德川幕府當年必然是盲目無知，昧於世界局勢，才會關上國家的大門，拒絕與世界交流。

可是，「鎖國」是個誤導人的辭彙。它反映的只是一部分歐洲人——那些無法進入日本的歐洲人——的觀點。如果回到那個時代，德川幕府儘管不像當代的日本一般開放，但也並未完全鎖上國家的大門。在趕走了西班牙人與葡萄牙人後，他們仍然保持與外在世界的來往，依舊注意著時代的動向。

這個時代的日本，與其說是鎖國，還不如說是採取了一種「由中央政府嚴格掌控的交流政策」。

這是什麼意思？日本又是和誰在交流呢？

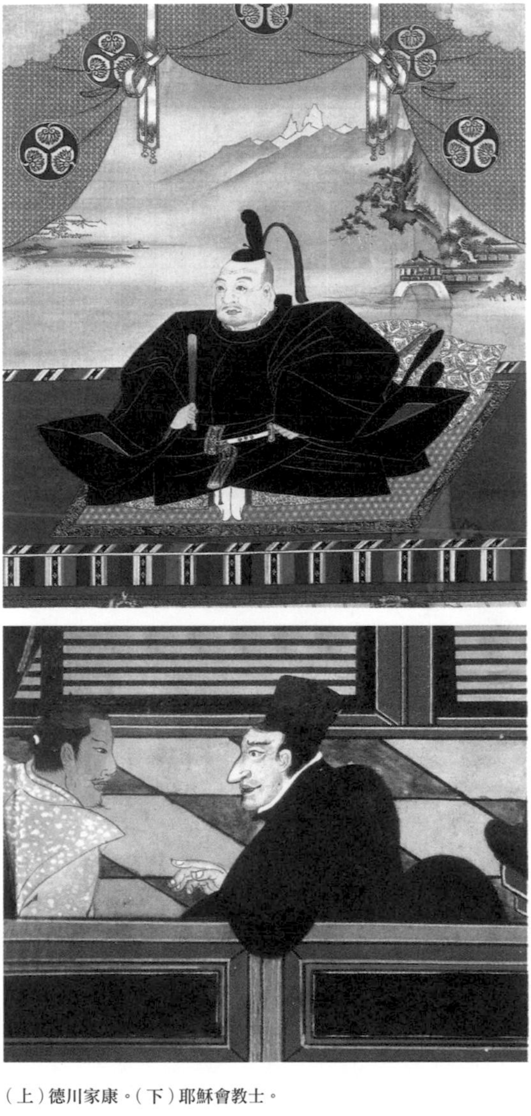

（上）德川家康。（下）耶穌會教士。

第二章

海洋：面向世界的窗口

德川時代的日本，不但沒有鎖國，反倒是留下了四個「窗口」，保持與世界的交流。換句話說，日本不是不願意與他人往來，只是，來往的人必須遵守幕府訂下的規矩。

這四個窗口當中，有一個位在德川日本最北端，名叫「松前藩」，另一個則位於最南端，名叫「薩摩藩」。這兩個窗口，分別用來與北方的蝦夷地，與南方的琉球王國來往。

今天的蝦夷地與琉球，已經成為日本的領土，就連名字也換了：蝦夷地成了北海道，而琉球成了沖繩。但在德川時代，這兩個地方屬於境外之地，居民不受日本幕府的管轄。

居住在北方蝦夷地的原住民「阿伊努人」，特別善於漁獵，所以與德川時代的日本保持著長期的貿易關係。而統治著今天北海道南端一小塊土地的松前藩，也就成為兩者之間的橋樑。靠著與阿伊努人做生意，松前藩賺進了不少財富，特別是海鮮的交易，諸如鮭魚、鱈魚、鱒魚，又或是海參等，都是松前藩與阿伊努人貿易中重要的商品；也是因為有來自蝦夷地的食物，當日本發生饑荒時，松前藩往往能逃過一劫。

相較於蝦夷地，幕府與琉球王國的關係更複雜一些。琉球當地的特產，如黑糖，廣受日本民眾的歡迎，成為庶民生活的流行商品。但琉球王國是個相對獨立的國家，擁有一套完整政府體制。它不只與日本有商業往來，同時還接收幕府的冊封，並多次派員前往江戶進貢。

特別的是，同一時間，琉球王國也接受中國先後兩個朝代——明朝與清朝的冊封，而且同樣定期派員前往北京進貢。換句話說，琉球王國同時向身旁兩個大國稱臣，但又不完全隸

琉球使節。

屬任何一方；做為「宗主國」的中國與日本，對此也欣然接受。

一直到十九世紀歐洲人大舉進入亞洲之前，東亞的國際秩序，就是以這種今天看來有點特殊的方式維持著。

和琉球有些類似，另一個同時與中國和日本交往的國家，則是與日本一海之隔的韓國（當時還是朝鮮王朝）。位於日韓之間，由幾座小島組成的「對馬藩」，扮演雙方的橋樑，也是德川日本對外的第三個窗口。

日本與韓國的交往，當然不是從德川時代開始的。早在德川政權上臺之前，韓國的朝鮮王朝與日本之間，就存在許多貿易與外交的紀錄。朝鮮王朝甚至在版圖南方的釜山，建設了一座「倭館」，用來接待日本賓客。

不過，在德川家康上臺的時刻，日韓關係正處於冰點。

事情的原委要回溯到西元一五九二年，當時日本的統治者豐臣秀吉，在完成了一統全國的雄心壯志後，對韓國發動了一場戰爭。豐臣秀吉野心勃勃，但在朝鮮半島上，他不但遭遇到韓國軍隊的強力抵抗，更有來自明朝的武力介入。終於在七年之後，向來得意於戰場的豐臣秀吉，不得不宣布撤兵，出面求和。

日本雖然出師不利，但這場戰爭已經嚴重破壞了韓國的經濟，日韓之間原本的外交與貿易管道，也更因此全都暫時中止。因為這場戰爭，韓國人對於前來救援的明朝，充滿了無限的感激，視為救命恩人；相比之下，日本這個侵略者，簡直是野蠻又可恨。

一直到德川家康建立的新政權上臺後，日韓之間凍結的外交關係，方才出現轉機。德川幕府向朝鮮王朝釋出善意，希望能夠緩和原來的僵局。

但最期盼重啟貿易的，莫過於負責居中協調的對馬藩領主，如果日韓能夠和好，他將是最大獲益者。為了加速雙邊談話，對馬藩領主不但抓了一些不相干的人，將他們假扮為戰犯，甚至還以德川家康的名義，撰寫了一封謝罪信，

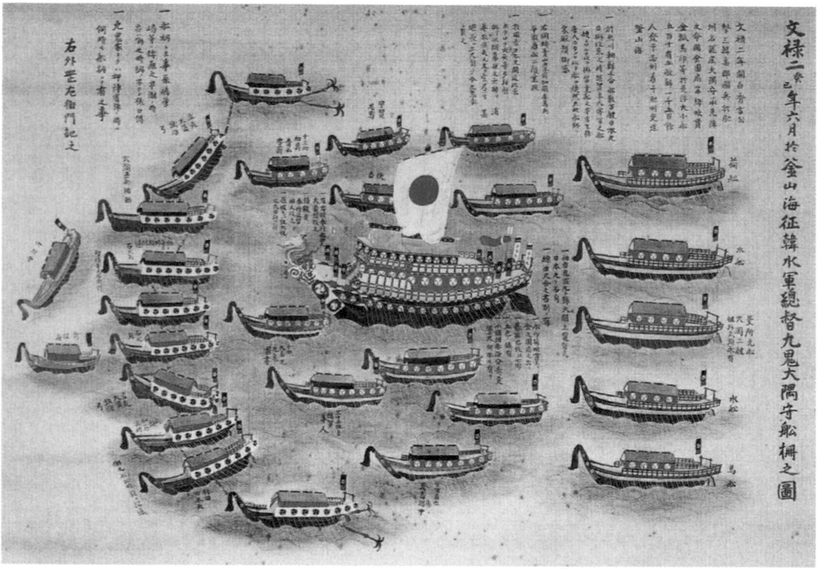

豐臣秀吉征韓。

並在上頭自行蓋了「日本國王」的印，等於是偽造外交文書。

收到謝罪信的朝鮮使節，雖然對內容半信半疑，最後還是選擇了姑且信之。日韓之間，就在這樣虛構的基礎之上，開始重修舊好。

幾年之後，朝鮮王朝恢復往例，派出前往日本的使節團。使節團從首都漢城（今天的首爾）出發，經由朝鮮半島南部的釜山，渡過海峽，由福岡登陸，再一路北上，最後抵達德川幕府所在的江戶城。在接下來的兩百年內，韓國一共派了十二次外交使節團前往日本，次數算不上很多，但是使節團浩浩蕩蕩，每次出訪都有三、四百人同行。

在那個不容易見到外國人的年代，從朝鮮半島來的龐大使節團，成為日本街頭一道奇特的風景，引起民眾強烈的好奇。許多地方的學者也趁這個機會，打聽外在世界的發展。至於位於江戶的德川幕府，為了不在鄰國面前丟了面子，更是每次都花費大量經費，以最高規格，不惜成本地款待韓國使節，順便宣揚國威。

隨著正式外交的重建，日韓之間的貿易也跟著再次活絡起來。朝鮮半島出產的人參，被認為具有神奇的療效，受到日本醫者的推崇，是雙方特別重要的貿易品。但因為數量稀少，入手不易，朝鮮人參在日本市場的價格不斷攀高，甚至因此出現了許多仿冒的假貨。

日韓之間雖然重新開始了政治與商業的交往，但對於彼此的認識卻十分微妙。韓國通信使認為自己繼承了儒學正統，是來自高級文化的代表。在他們眼中，日本這個以武士為主的社會，和崇尚儒家文化的朝鮮社會一比，簡直粗鄙不文。他們也認為，日本國內的富庶雖然令人印象深刻，終究不脫是個好戰的野蠻民族。

但日本人對於韓國也未必有著多少好感。的確，朝鮮時代的韓國出現了許多傑出的儒學家、思想家，贏得日本學者尊敬與好評，但也僅止於此。多數的日本人，對朝鮮半島上的這個國家，仍然抱持著或多或少的蔑視，認為它不過是中國的附庸國，沒有與日本相提並論的資格。

儘管日韓彼此都抱持奇特的優越感，但德川時代的兩百多年間，雙方還是相敬如賓，努力維持了表面的和平。要到很久之後，雙方的關係才會開始惡化，到達不可收拾的地步。

日本與另外一個亞洲國家，也存在這樣微妙的關係——那就是鄰近韓國的中國。負責與中國交流的窗口，則是位於日本南端的都市長崎。

說到中日之間的貿易，德川幕府剛剛上臺的時候，鄭芝龍與鄭成功曾經扮演相當重要的角色。後來，這成為鄭氏家族在臺灣經營的重要資金來源，鄭成功還曾多次聯繫德川幕府，希望這個貿易夥伴能派兵支援，協助反清復明，只是最後不了了之。

隨著明朝滅亡，滿洲人興起，情勢也逐漸改變。清朝取代明朝的劇變，對日本來說是非常重要的國際新聞，被稱之為「華夷變態」。「華」，指的是原本代表中華文化的明朝；「夷」，則是清朝。日本人原來是看不起滿洲人的，認為他們是野蠻人，在這一點上，日本人與朝鮮時代的韓國人，倒是所見略同。

但就商業活動而言，德川幕府一開始並未對中國商人設下太多的限制。一直要到一六八八年，德川幕府才在長崎市內興建了一座大約八千坪的社區，專供中國人居住，名為「唐人屋敷」。唐人屋敷四面用牆圍起，為了順應中國人的風俗，其中還設置了天后宮、觀音堂和土地公廟等宗教設施。

幕府之所以這麼做，除了為了有效地管理中國商人外，也是要防止天主教信仰通過別的管道，滲入日本民間。幕府當然知道，天主教傳教士在中國境內也是動作頻頻。因此，幕府禁止一般日本民眾與中國人接觸，只有一些少數具有特殊身分的人能夠例外。

和中國商人一樣在長崎活動的，還有來白歐洲的荷蘭人。

在葡萄牙人和西班牙人被趕出日本後，荷蘭人便取代了他們，成為德川幕府合作的對象。荷蘭人之所以雀屏中選，主要原因是他們對於傳教的興趣不大，一心只想從事貿易，因而獲得德川政權的信任。

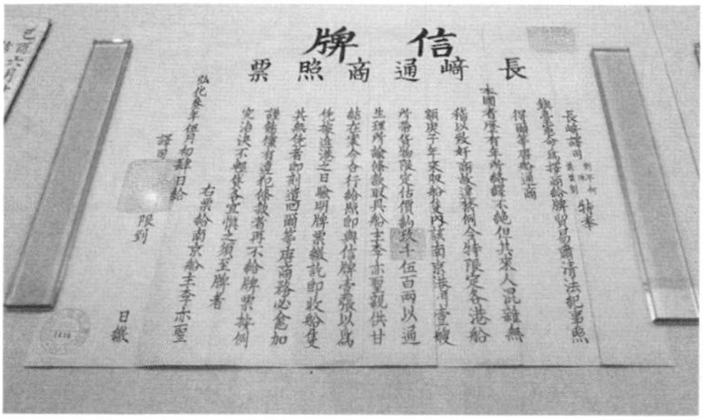

長崎通商照票。

即便如此，日本對於這群外型高大、金髮碧眼的外國人，仍然不能不心存懷疑。由於擔心荷蘭人造反，一六四一年，幕府下了一道命令，要求他們從原本的貿易港平戶，全數移居到長崎外海的一座扇形的人工島嶼：「出島」。

出島在五年前剛剛完工，原本興建的目的，是用來隔絕葡萄牙人。不過此時葡萄牙人早就被驅逐出境，這座人工島，也就變成了荷蘭人的居住地。

或者，還不如說是他們的監獄。

在出島上，除了通往大海的水門外，只有一個連接日本本土的出口。而且，幕府規定荷蘭人必須待在裡頭，不能任意離開。此外，除了官員、翻譯和妓女等少數人外，普通的日本人皆不能任意進入出島。換句話說，想跟日本進行貿易的荷蘭人，必須犧牲很多的自由。當時的荷蘭橫行亞洲各地，幾乎無

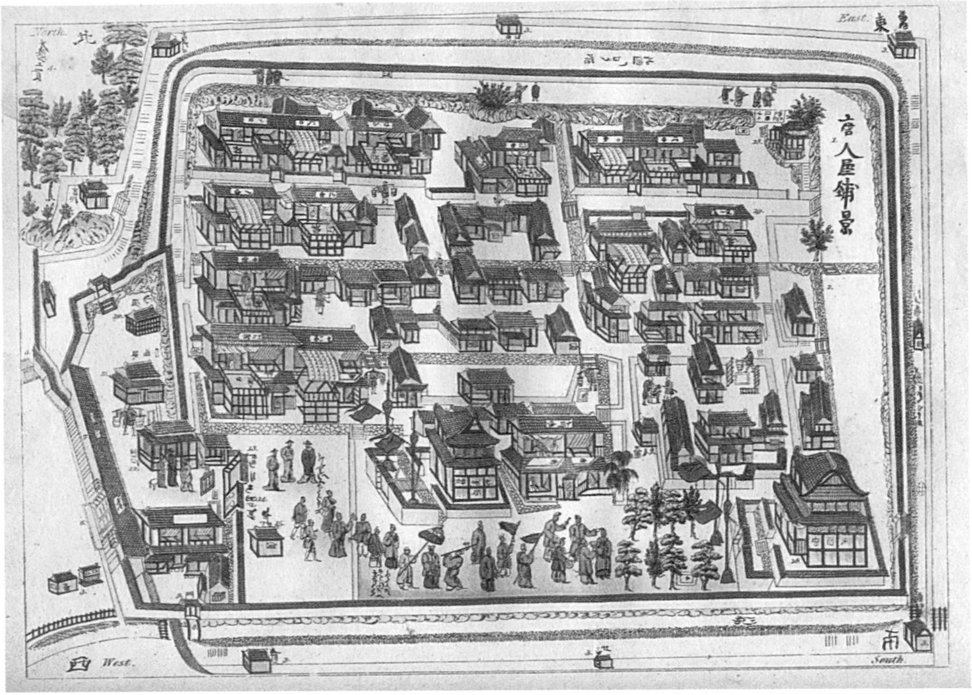

往不利，但碰到強勢的德川幕府，卻變得無法予取予求，反倒必須跟著日本人的規矩走。

不過，荷蘭人有個可以定期離開出島的機會。按照日本規定，荷蘭人除了在長崎從事貿易外，還必須定期造訪江戶，提供幕府海外情報。用今天的說法，荷蘭商人等於扮演了幕府的特派記者角色。藉著這個管道，「鎖國」時代的幕府能夠即時掌握外在世界的動向，特別是來自歐洲的消息。

很多對於外界感興趣的日本人，也透過荷蘭人帶來的書籍，開始熱衷研究歐洲的知識。所以在德川時代，日本讀書人要學習的第一歐洲語，不是英語，而是荷蘭語，從歐洲來的知識，也被統稱為「蘭學」。

四面環海的日本，終究不可能自外於世界。儘管幕府設立下重重限制，德川時代日本的對外貿易，並未因此斷絕。

在幕府規劃的交流政策下，做為對外第一線的窗口，像是長崎，往往能第一時間接觸到

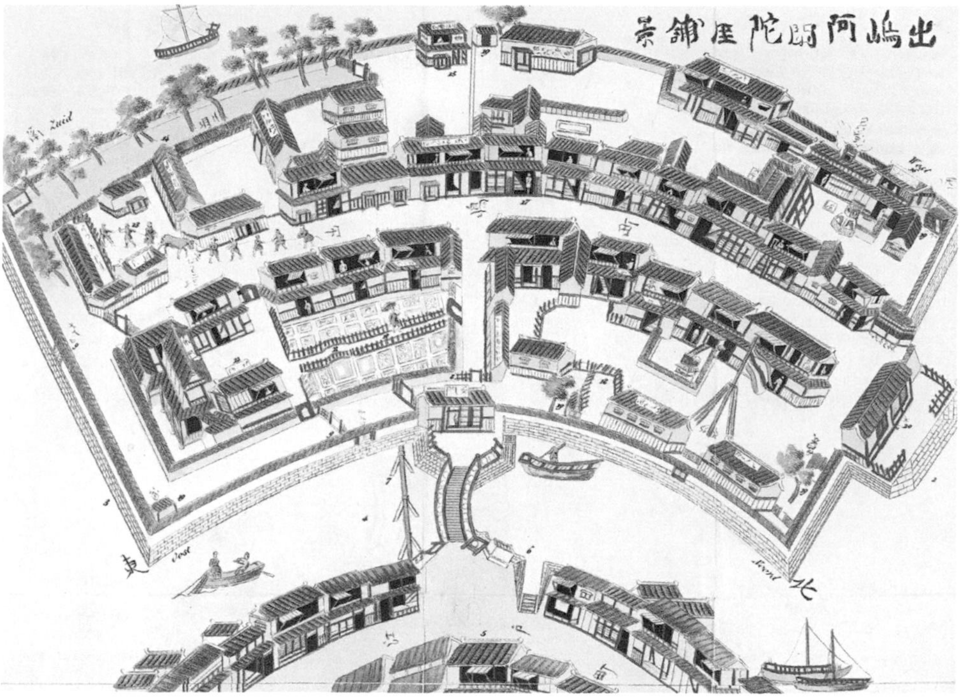

（左）出島。（右）唐人屋敷。

外來的風氣或貨品。十八世紀時，曾經有商人進口大象，打算賣給幕府。這在當時的日本是非常少見的事，而長崎的居民占了地利之便，因而有機會率先一睹這種奇妙的動物。

外國來的大象只是眾多例子之一。同一時間，各種異國的貨物、書籍、藝術品，以及他們所承載的思想、象徵的生活方式，都在這段時間裡，流通到日本本土的各個角落。

至於迎接著各種外來新鮮事物的日本社會，這時候又是什麼模樣呢？

第三章

三都：江戶、大阪與京都

如果活在德川時代，身為「江戶人」會是件光榮的事吧。

一六〇〇年，德川家康在關原之戰中擊敗了對手，從此大權在握。三年之後，他選擇江戶做為執政的地點，在此地建立了幕府。儘管天皇還居住在京都，但所有重要的政策由幕府決定，江戶也成為實質上的政治首都。住在江戶，等於就是首善之都的居民。

不過，根據德川時代的說法，只有雙親都是出身江戶之人，才有資格稱得上是「江戶之子」。如果父母是從外地來的，就只能被稱之為「田舍子」；假如雙親只有一方是江戶人，則被稱之為「斑」。而真正的江戶之子，實際上只佔了人口的十分之一，反而是田舍子的人數高達了六成。但或許正因為人數稀少，江戶之子的身分才更加顯得稀罕。

江戶就是今天的東京。一八六八年日本經歷明治維新，

天皇從京都遷居到此地，江戶才改名為東京。但早在德川時代，江戶就已經是日本的第一大都市，德川時代也因此經常被稱為江戶時代。

德川幕府上臺之後，日本經歷了一段天下太平的日子，沒有戰亂的騷擾，經濟能夠蓬勃發展，人口也隨之增加。到了十八世紀，江戶人口數已經超過了一百萬，和同一時間的北京不相上下，名列世界上數一數二的巨大都市。同一時間的倫敦，人口大約只有六十萬，而巴黎只有五十萬。

當然，那個時代並沒有人口普查的機制，這些數字都是歷史學者尋找各種資料，再加以推算出來的，所以並不見得精準，學者間也存在不同意見。但是江戶人口眾多這件事，倒是無庸置疑。因為人口爆炸，德川時代的江戶人已經感受到生活空間的狹小——跟今天東京人的煩惱一樣。

不過，在德川家康上臺時，這座擁擠都市不過是關東地區的一個小漁村。從十七世紀開始，它才開始成長、擴張，逐漸變成了德川時代的政治、經濟與文化的中心。

當時的日本，除了德川幕府能直接控制的勢力範圍之外，各地由兩百多個地方領主分別統治著。這些領主被稱

參勤交代。

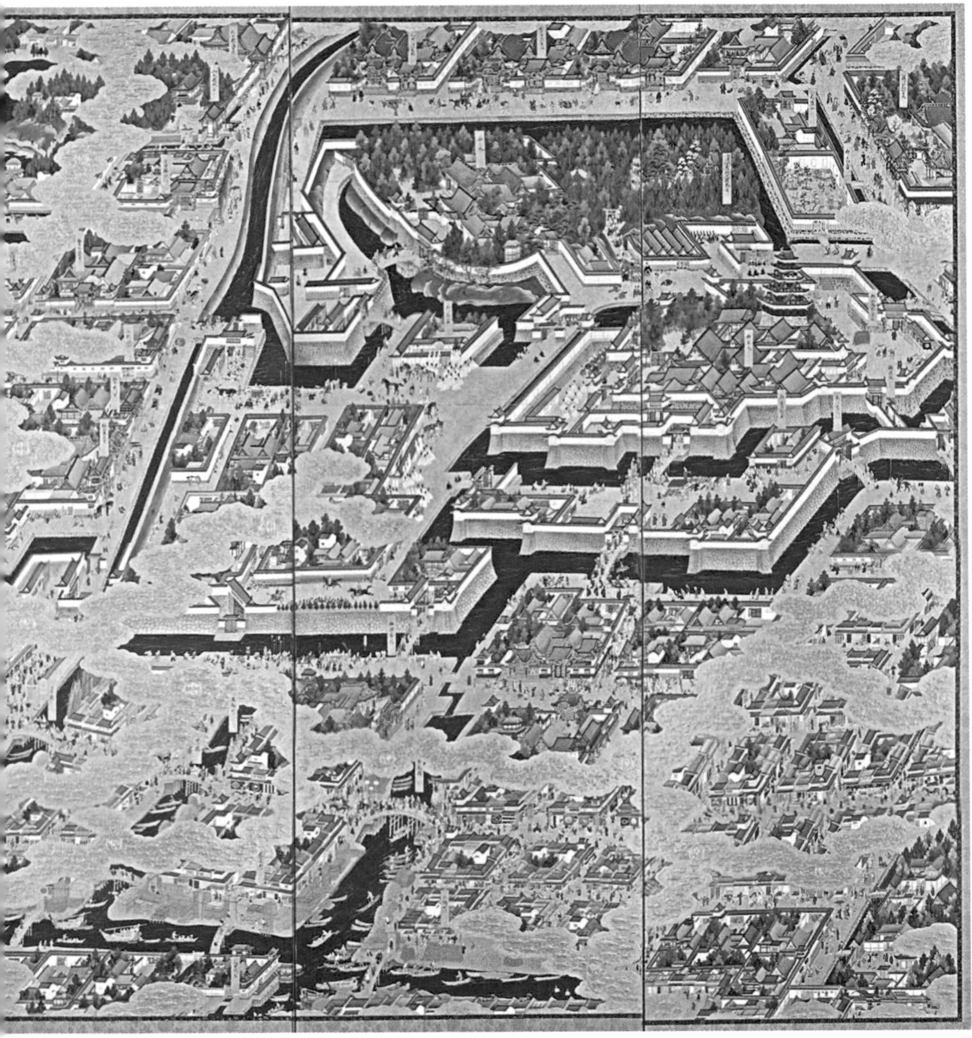

江戶全景。

之為「大名」，他們的領土則稱之為「藩」。大名擁有自己的軍事勢力，和德川幕府之間形成了微妙的關係。有些大名與幕府的關係良好，甚至就是德川家族的親屬，但是，並非所有大名都是如此。

如果大名的勢力太大，又對幕府缺乏忠誠，很可能會對中央政權形成威脅。雖然如此，江戶幕府並沒有因此打算要消滅這些大名。他們採取了另外一套方式穩固政權，也就是所謂的「參勤交代」。

按照這項制度，大名每隔一年必須到江戶定居。身為地方領袖的大名，當然不可能獨自行動，而是攜家帶眷，連同家中的武士和僕人，一同帶到江戶。有時同行的人數高達幾百人，甚至上千人，光是旅費就花去不少錢。

這還沒算在江戶安頓所需要的開銷。大名終究是國內的一方之霸，他們在江戶的居所也不能夠寒酸。勢力比較小的大名，居住的地方都至少有兩千坪，至於勢力大的大名，宅院的面積更超過十萬坪，其中所需要的花費可想而知。也因此，參勤交代為大名帶來沉重的經濟負擔。

但從幕府的角度看來，參勤交代讓他們得以就近監督大名，讓這些盤據一方的地方領袖不敢搗亂，同時還可以塑造自己高高在上的形象，一舉數得。

除了鞏固德川的政權外，參勤交代也有一些意外的結果。比如，各地的文化隨著大名的隊伍流入江戶，促進了日本國內的文化交流。此外，因為跟著大名來到江戶的，大多是擔任武士的男性，結果讓江戶裡頭的男性人口遠遠高於女性。

現代日本有所謂「單身赴任」的說法，也就是男性上班族因為工作所需，必須離開家庭，一個人到外地工作。德川時代來到江戶的武士們，跟這種情況有幾分類似，因而被一些人喻為單身赴任的前身。

江戶除了做為政治權力的核心所在，在交通與商業發展上也扮演著重要角色。

德川家康上臺之後，幕府修築了五條重要交通要道，起點都是江戶，因而形成了一個以它為中心、向外發散的交通網絡。

五條要道中，有兩條通往天皇所在的京都，分別是東海道與中山道。前者從江戶出發後往南走，沿著海岸線往西；後者從江戶出發後往北走，途中則經過內陸的山區，最後抵達京都。至於另外三條，則以路線的終點命名，分別稱為甲州街道、奧州街道和日光街道。

（上）東海道的起點——日本橋。（下）東海道的旅人。

整頓後的交通幹道，不僅可以讓大名前往江戶，讓商人運送貨物，還可以讓小老百姓到各地旅行。在這五條幹道中，東海道因為沿途風光明媚，所以格外出名，成為旅行的代名詞，也刺激出不少藝術創作。

德川時代就有位作家寫了名為《東海道中膝栗毛》的作品，描寫在東海道上旅行的故事，大受讀者歡迎，結果一連出了好幾個續集，許多模仿之作也紛紛出

（左頁）元祿時代的京都市街圖。（上）豐臣秀吉時代的大阪城與城下繁榮的街道。

爐。「栗毛」指的是馬，而「膝栗毛」則是用膝蓋代替馬匹，「東海道中膝栗毛」，也就是用雙腳徒步旅行東海道。

徒步旅行畢竟辛苦，幸好，當時在東海道已經設置有休息站，總共五十三個，被稱之為「東海道五十三次」，可以讓旅行者暫時歇息。

但德川時代的旅行者不能說走就走，而是必須先向地方領主申請許可，告知遠行的原因，得到同意後才能出發。當時最流行的理由，是要到各地的寺院參拜，最受歡迎的路線，則是巡迴四國地區的八十八間寺院——一直到今天都還是著名的觀光旅程。因為信徒人數眾多，市面上甚至出現了專門的導覽手冊。在這種風氣下，與旅遊相關的行業，也跟著發達了起來。

除了陸路之外，水路在德川時代也很重要。儘管幕府禁止一般船隻出海，但沿著海岸線，商船已經可以航行到國內各地，十分便利，幕府上臺之後也特別針對水運加以整頓。

有了完備的交通建設，商品流通就更加容易。當時的日本，已經有了名產或特產的概念，每個地方按照自然環境或文化傳統，生產不同的商品。比如位於關西的龍野，以釀醬油出名；姬路的棉布在市場上名氣特別響亮；至於說到日常生活必用的鹽，則大多出自瀨戶內海一帶。這眾多名產當

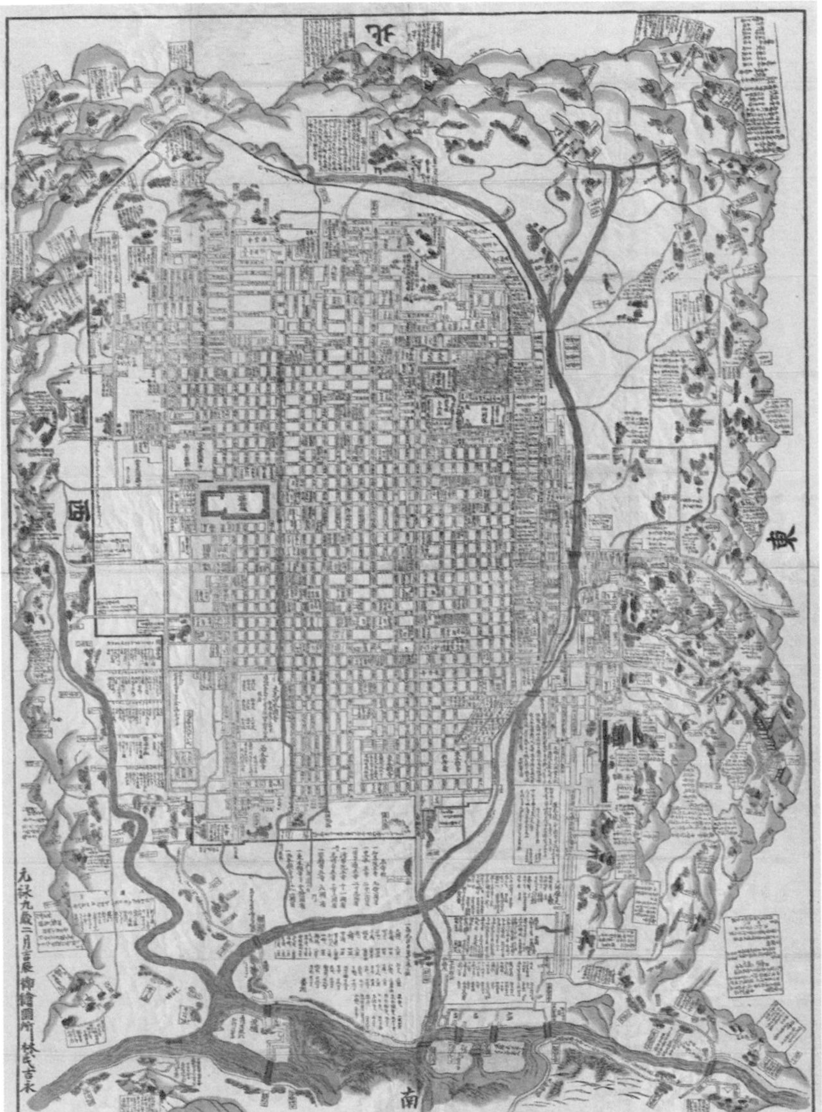
北
西
東
南
元祿九歲二月吉辰 御繪圖所 林氏吉永

中，有許多到今天還是地方的代表性商品。

至於人口眾多的江戶，吸納了來自各地的商品，就成為全國最大的消費市場。

在江戶日益興盛的同時，日本有另外一座都市也正在崛起，那就是位於關西的大阪。大阪的人口比不上江戶，但也聚集了數十萬人，遠遠超過德川時代的其他都市，就算放在世界平臺上比較，也稱得上是座大城市。

不過，大阪與江戶的「性格」很不一樣。

大阪原本是豐臣秀吉的根據地，他在這裡興建了一座富麗雄偉的城堡，有學者推算，如果按照今天物價，這座城堡造價將高達七百八十五億日圓。十六世紀的大阪，一開始就是圍繞著這座昂貴的城堡發展起來。只是，後來德川家康打敗了豐臣秀吉，城堡不幸在戰火中燒毀。之後，政治中心轉移到江戶，大阪更失去了原本的地位。

但危機也是轉機，遠離權力中心的大阪，在這之後改頭換面，以另外一種姿態重新登上歷史舞臺。因為交通便利，大阪成為了全國的物流中心、最大的商品轉運站，各種生活必需品都會在此地匯聚、合流，再運送到其他地方。少了政治的紛擾，大阪變成了一座屬於商人、充滿自由與活力的都市。

大阪的興起，有賴於水運發達。除了天然的河流外，大阪內部開鑿了許多大大小小的運河和水道，交錯縱橫，將整座城市變為水都。因為水道眾多，橋樑也成為了大阪的特色，因而出現了所謂「大阪八百八橋」的說法。

這些水道與橋樑很多已經消失了，但有些還在，比如今日繁華的觀光景點道頓堀，就是德川時代開通的運河之一。道頓堀附近的日本橋，也可以追溯到同樣的時代，不過最原始的橋樑已經不復見，只有名稱保留了下來。

在這些水道交會的地方，漸漸出現了大型的交易場所，其中最著名的，莫過於堂島米市場、天滿青菜市場，和雜喉場魚市場——從名稱中不難看出，其中所交易的都是人們日常飲食的必需品，大阪因此也被暱稱為「天下的廚房」。

相較於江戶與大阪的崛起，曾經長期做為日本政治中心的京都，在德川時代似乎喪失了原本的重要性。不過，這座位於天皇腳下的城市，依然有著與眾不同的象徵意義。比如，京都雖然位於江戶的西邊，但江戶人前往京都，會說自己到了「上方」，「上方文化」也成為精緻文化的代名詞。

此外，京都聚集了許多貴族，和平民居住的江戶和大阪相比，生活氛圍還是不同。京都所出產的商品，也以其高品質而聞名。比如京都西陣一帶出產的織品，儘管價格昂貴，還是受到了許多有錢人的歡迎，直到今天，西陣織依然是日本傳統工藝品的卓越代表。

德川時代有位名叫廣賴旭莊的學者，曾經以簡潔的方式，點出了京都、大阪與江戶之間的差異，他說：「京都人細膩，大阪人貪婪，江戶人浮誇。」又說：「京都之人多矜氣，重土地；大阪之人多殺氣，重財富；江戶之人多客氣，重官職。」

不過，或許正是因為性格截然不同，這三座都市才能夠以各自的姿態，引領著時代的風騷。德川時代的經濟與文化，就在這些大城市的帶領下，像繁花一般盛開著。

第四章

浮世：欲望的光與影

那是個普通的夏天晚上，世之介睡到半夜突然醒來。隔壁房間的女僕聽到了聲音，也連忙起床，點起燭臺，幫忙世之介照路。兩個人經過長長的走廊，走到了大宅院外頭的一間廁所。

世之介小解之後，準備洗手。由於廁所四周都是茂密的竹林，地上也有許多碎竹片，女僕擔心世之介受傷，所以拿著照明燈，往他身上靠過去。

世之介見狀，對女僕說：「把燈熄掉，靠得更近一點。」

女僕聽了，有點不解地問道：「我是為了你安全才點燈的，如果你要讓四周一片漆黑的話……」

沒想到世之介卻以老練的口吻回答：「難道妳不知道戀愛是在暗中進行的嗎？」

那一年，世之介還只有七歲。

這是江戶時代的暢銷作家井原西鶴所說的故事，來自他的代表作《好色一代男》。在井原西鶴筆下，世之介從七歲情竇初開、初知男女之事開始，一輩子都在情色愛欲的世界裡打滾。一直到五十四歲為止，世之介一共「玩弄女性三千七百四十二人，男妓七百五十二人。」真可說是一個驚人的數字。整部小說，也就圍繞著世之介的情欲冒險展開。

井原西鶴是江戶時代最受歡迎的作家。一六四二年出生在大阪的他，剛好趕上德川幕府建立之後，日本天下太平、經濟成長的時代。人口成長和商業擴張，多采多姿的都市生活，提供了他創作靈感來源；而有錢有閒的都市居民，則成為他的讀者群。井原西鶴的寫作，重視市井小民的日常經驗，因此很投這群人的胃口。

除了《好色一代男》之外，井原西鶴還曾經出版另一本名為《好色一代女》的作品，書中女主角跟世之介一樣，有著強烈欲望需求，流連床笫之間，但與世之介一輩子縱橫情場不同，這位「好色一代女」無從掌握自己的命運。她在經歷年輕時的情色冒險後，淪為煙花女

（上）浮世繪中的調情男女。（下）井原西鶴。© wikipedia/Yanajin33

子，以出賣肉體為生。到了晚年，更對自己的人生充滿了悲哀，甚至曾到菩薩面前懺悔。

井原西鶴筆下的故事看似有些離奇，但他卻利用了這些超乎現實的情節，描繪出當時的社會百態。

井原西鶴活躍於文壇的時代，因為教育日益普及，社會上能夠讀書的人逐漸增加，儘管，跟今天相比，識字人口仍然有限，但已經足以讓江戶時代的出版業飛躍般地發展。

江戶時代的文化發展，既來自貴族和精英，也來自這些逐漸抬頭的庶民百姓。從事各行各業的小市民，支撐起了一個蓬勃發展的大眾娛樂市場，井原西鶴的作品只是他們的眾多選擇之一。江戶人喜愛旅行、賞花、看煙火，或是觀賞名為「歌舞伎」的舞臺表演。今天東京人日常的娛樂享受，很多在江戶時代就已經出現了。

江戶時代以前的日本，籠罩在佛教信仰的氛圍之下，覺得人生充滿苦難，萬物無常，因而把希望寄託在來世的極樂世界，是以「憂世」為主的文化；但江戶時代的日本，卻轉而肯定現實生活，享受當下，重視短暫卻又美好的人生，因而成為擁抱「浮世」的時代。

這樣的態度不只能在文學作品中找到，在江戶時代的藝術裡，也出現了以描繪日常百態、名為「浮世繪」的作品。創作浮世繪的藝術家們，既畫美景，也畫美女，更有人喜愛描繪男女交歡的性愛場景。

浮世繪不是江戶時代唯一的藝術類型，但由於價格相對便宜，一般人也能負擔得起，所以成為流行商品。此外，和井原西鶴的作品一樣，浮世繪呼應了時代的情緒，因而在市場上受到廣泛的歡迎。

大受歡迎的井原西鶴，筆下寫的雖然是虛構故事，但也有現實做為背景。比如江戶時代的大都市裡頭，有著所謂的「遊廓」，或被稱為「花街」。用今天的話來說，就是風化區，裡頭住著既賣藝又賣色的「遊女」——也就是賣春婦。江戶、京都和大阪等三大都市的遊廓，分別名為吉原、島原和新町，規模最大，名聲也最響亮。《好色一代男》的主角世之介，就曾經出入遊廓，尋歡作樂。

遊廓的設立經過德川幕府認證同意，等於一套合法公娼體制。遊廓的業者必須取得官方許可，才能在其中開店經營，遊女也必須登記。情色產業本來就很難完全禁絕，尤其在單身武士眾多的江戶，男性人口遠遠多於女性，他們的生理需求，更是不能不處理的問題。德川幕府選擇以管理代替禁止，以此掌控性產業的發展，避免它沒有限制地在城市裡蔓延。

遊廓的設置，在城市之內切出了一塊化外之地。以江戶為例，吉原遊廓的四周挖了九公尺寬的河道，裡頭灌滿黑泥巴，一般人不能隨便跨越，只能從唯一的大門進出。京都的島原遊廓也只有兩個出入口，而且都有警衛看守，只有大阪的新町管制則比較寬鬆。

遊廓的開放時間也有限制，江戶的吉原分成白天與晚上兩班制，早班從中午十二點到下午四點，晚班則從下午六點到十點。幕府曾經一度取消夜間營業，但是在一六五七年，江戶發生大火，舊的遊廓被燒毀，之後新的遊廓找了另一個地點重起爐灶，夜間營業也跟著重出江湖。

可想而知，遊廓的夜晚總是比白天更美麗。每到晚上六點，遊廓的業者便會點起華燈，招攬顧客，還有樂手彈奏名為「三味線」的樂器，熱熱鬧鬧地宣告著夜生活的來臨。

踏入遊廓，等於進入一個不同於日常生活的世界。江戶時代有著嚴格的身分制度，士農

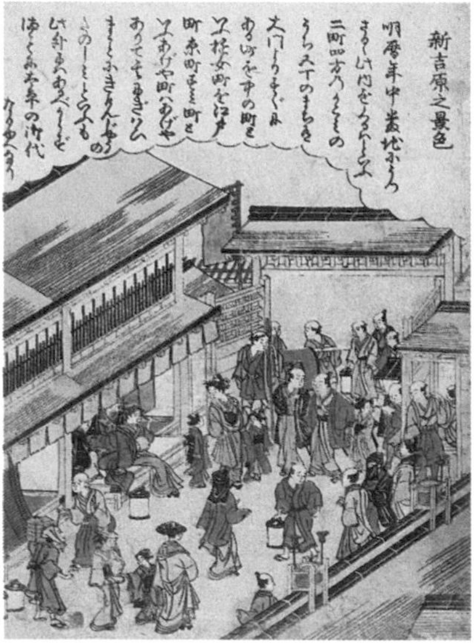

吉原景象。

工商之間分別相當明確。但在遊廓之中，這樣的界線卻模糊了起來。平時威風凜凜的武士們，因為不能帶刀進入遊廓，變得跟一般人沒有兩樣；相反地，有錢的商人要是可以一晚浪擲千金，也能夠受到萬般禮遇。在消費的世界裡，財富決定了地位高低。

遊廓裡頭不只有性的服務，也提供各種美食、娛樂活動和戲劇表演，遇到特殊節慶時更會舉辦祭典，滿足人們的各種感官欲望，成為顧客的極樂天堂。

遊廓中建築物同樣富麗堂皇，炫人耳目，裝潢採用最高級、最昂貴的選擇。其實，根據江戶時代的法令，遊廓裡的建築物不能太過鋪張，不過只靠法律，並沒有辦法停止人們追求享受與奢華。

當然，遊廓中最吸引人的還是非遊女莫屬。當時人們將遊女分成了不同的等級，第一級的稱為「太夫」，收費最高，甚至可以擺出姿態，拒絕客人；次一級的遊女，在江戶稱為「格子」，在京都和大阪則稱為「天神」，再接下來的等級也分別有不同名稱，收費亦各不相同。

最高級的太夫，服飾極盡華麗之能事，上街前往接待客人，往往引起眾人爭睹。太夫的前頭會有人提燈籠開路，身旁則有隨從和仕女簇擁著，甚至有人敲鑼彈琴。太夫又被稱之為

「花魁」，她們在街頭搖曳生姿的場面，因而被稱之為「花魁道中」。

想要成為「太夫」的遊女，不但必須外型姣好，更必須才藝過人。太夫接待的大多是達官貴人，必須展現同樣的教養，精通文學、音樂與藝術，才能滿足客人品味。要成為太夫，必須接受精心培養，更不是人人都能做得到的。

有著性的自由、欲望的解放，遊廓世界乍看之下似乎風光無限好，有如情色烏托邦。不過，很多時候，一個人的享樂天堂，是建築在另一個人的地獄之上。

（上）吉原遊女。（下）風華絕代的吉原花魁。

遊廓就是如此。對光顧的客人而言，遊廓讓人尋歡作樂，飲酒忘憂；但對遊女而言，遊廓卻禁錮著她們的自由——如果沒有特別的理由，遊女是不能踏出遊廓的。最高級的遊女，還有可能外出賞花，或是參拜神明；下級遊女則連這樣的機會都沒有。

此外，按照早期規定，遊女一天接待兩名客人，早晚各一名。但這樣的限制後來逐漸走樣，遊女每天接客人數日益增加，直到她們不堪負荷。要是偷懶或表現不佳，還會遭到業者的叱喝、責罵，甚至虐待。

在這種情況下，遊女逃跑的現象也就層出不窮。但是，萬一逃跑失敗，遊女只會受到更為嚴厲的懲罰，甚至被業者吊起來鞭打。有些遊女承受不了，只能選擇自殺，以求解脫。

為了保證遊女的來源不絕，遊廓業者往往也與人口買賣掛鉤，牽扯進綁架和拐騙的案子當中。有些尚未成年的少女，就這樣被賣進了遊廓，從此不得脫身。

江戶時代的人們將遊廓業者稱為「忘八」，意思是他們拋棄了「仁、義、禮、智、信、忠、孝、悌」等八種美德。一般人對他們的觀感，由此也可見一斑。

除了遊廓的黑暗面外，江戶時代對於性的態度，也未必如一些人所想像的如此大膽奔放。

的確，井原西鶴的好色文學與浮世繪畫家的春畫作品，都在這個時代大為流行。不過

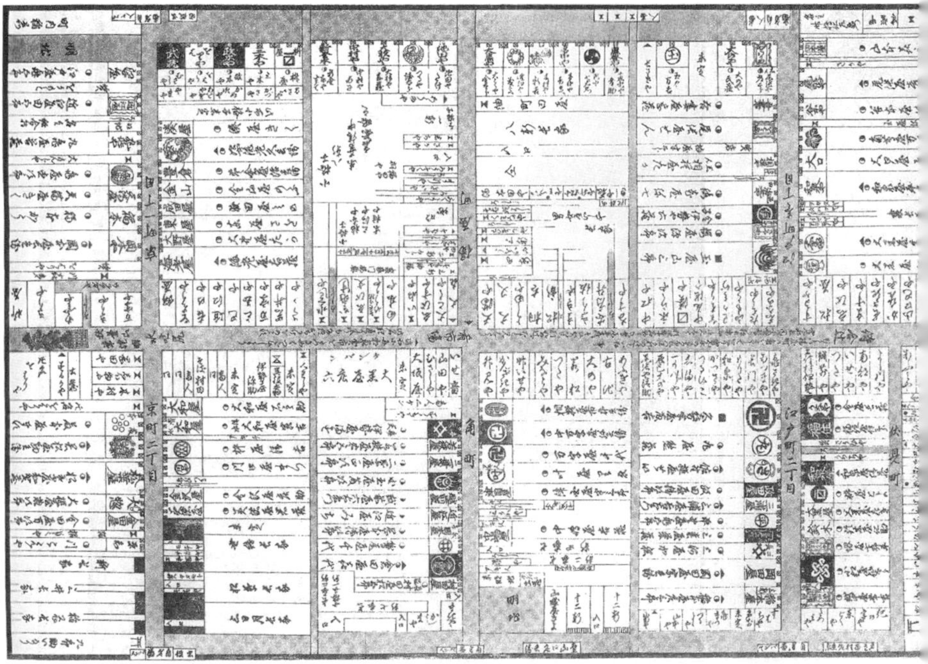

十九世紀的吉原遊廓地圖。

同一時間，江戶時代也有許多儒家的信徒，他們讀著四書五經，鼓吹傳統道德，要求女性貞潔孝順，而且積極地在各地傳播思想，開班授課。

江戶時代的日本沒有科舉制度，但儒家思想的影響力還是很大。一七二二年，擔任將軍的德川吉宗就曾經下過一道命令，禁止好色文學的出版，並要求加強對於民眾的道德教化。

有位飽讀儒家經典的醫生貝原益軒，則出版了名為「女大學」的作品。這是本寫給女性的生活教科書，書中提倡「丈夫是天」的觀念，要妻子溫順服從，把對方父母看得比自己親生父母更重要，把先生當成主人一樣侍奉。書裡也強調，年輕妻子不宜去觀看歌舞伎表

貝原益軒。

演，不宜去佛寺這樣龍蛇雜處的地方，更絕對不能跟其他男性接觸。

從今天的角度看來，這些觀念簡直保守無比。但貝原益軒寫出了男性讀書人對於理想家庭的想像，也寫出他們對於完美女性的期望。在他之後，「女大學」被多次改寫，一再翻印，成為社會上十分普及的出版品。說明當時不少人對於貝原益軒揭櫫的理想，還頗為贊同。

不過，隨著大眾文化的興起，有些讀書人於傳統儒家經典，也出現不同的想法。

十七世紀有位叫伊藤仁齋的學者，就特別重視日常生活的重要性。他認為除了書本上的道理外，用心體會每天的待人接物，同樣很重要。他也主張，儒家提倡的仁與愛，不能只是抽象概念，而是必須抱持著誠意，努力地實踐。

另一位名叫增穗殘口的思想家，態度更為激進。他反對儒家思想中嚴防男女的思想，認為這觀念實在太過虛偽、不切實際。為此，他還寫了一本《艷道通鑑》——這書名想必要讓嚴肅的學者皺眉頭。他在書中鼓吹男女平等、戀愛至上，肯定人世間的情感與欲望。相較於男女授受不親的觀念，他認為傳統日本神道對於性的開放，更符合人性，更值得鼓勵。

在這些說法的背書下，小老百姓的俗世生活，與讀書人的世界交織在一起，產生了新的意義。江戶時代的人們，就這樣透過包容通俗與高雅、日常與非常，創造出了充滿活力，屬於他們時代的浮世文化。

第五章

天災：與自然搏鬥的人們

一七〇七年的那場地震，讓許多日本人感受到了恐怖。那天原本是個萬里無雲的美好晴天，誰也沒想到，突如其來的天搖地動，竟奪走那麼多人的性命。

地震發生在十月二十八日下午，震央在今天的紀伊半島外海。根據後來的學者估算，地震規模可能超過八點五，甚至高達九以上，巨大威力連在日本歷史上都很罕見。

餘震在本震之後不斷出現，讓人應接不暇。各地房屋有如骨牌一般，一個接一個地倒塌。地震也引起海嘯，席捲包括大阪在內的沿海都市，海水隨著河道湧入市區，把大阪淹成一片汪洋，許多人走避不及，溺死在水中。地震六天之後，大阪的官員向幕府回報災情，根據他們的估算，光是在因為海嘯死亡的人數，就超過一萬六千人。

在人們記憶中，那是個天崩地裂的一天。

但更讓人意外的事情還在後頭。大地震發生四十九天過後，住在富士山附近的人感受到了地面搖晃，而且異常頻繁，規模越來越大。不久之後，白色煙霧從富士山頂不斷冒出，裡頭摻雜著火焰。日本人心目中無比神聖的富士山，在休眠了八百多年後，又一次爆發了。

在接下來的兩個星期內，富士山不斷地噴出火山灰。位於山腳下的村莊，首當其衝，農田都遭到破壞，無法耕種。就連遠在一百多公里外的江戶，也深受火山噴發所苦，整座城市被鋪上了一層灰。

還沒完全遺忘地震恐怖的日本，又一次因為天災而陷入愁雲慘霧之中。

日本是個多災多難的國家，地震、海嘯等天災都是常態。江戶時代雖然享受著經濟成長、都市發展，還有各式各樣的娛樂與文化活動，但一般老百姓，特別是農民，每天仍然必須與不留情的大自然搏鬥。

除了地震與火山外，江戶時代正好碰上了科學家口中的「小冰河期」，全球的氣溫普遍下降，造成各地農業經常欠收。每當農業欠收，不僅農民生活困難，更可能引發大規模的饑荒。日本和其他地方一樣，逃不開這個氣候現象的影響，因而在兩百多年的江戶時代裡，遭遇了無數大大小小的饑荒。

一六四二年，德川幕府執政還不到五十年，日本就因為水災、蟲害，加上異常的氣候，許多地方陷入了嚴重的糧食危機，不少民眾被活活餓死。再加上前一年，日本才流行過一場動物瘟疫，造成用來耕種的牛隻大量暴斃，這也間接成為饑荒的原因。

這場饑荒中死了多少人，已經沒有詳細數據可以證明，當時的人只記得有許多屍體倒在路邊，無人收拾。為了生存，不少人只好離開家鄉，逃到米糧還足夠的地方；不然就是把自己或是子女賣給有錢人家，換取一時溫飽。

一七三二年，整整九十年後，日本又一次爆發大饑荒。這次饑荒，除了氣候因素外，主要是由於蝗蟲肆虐。西日本一帶農田受到影響，產量大幅減少，甚至不到平時的一半。在這場饑荒中，全國有上萬人死亡，將近百萬人陷入飢餓狀態。

農民對蝗蟲來襲幾乎束手無策。當時已知的驅蟲方式，是把鯨油灌進水田之中，以此悶死害蟲。不過，鯨油價格很高，不是一般人能負擔得起的。到頭來，多數農民還是只能寄託上天，祈禱神明大發慈悲，早日停止災難。當時日本國內幾個重要的寺院，包括伊勢神宮、出雲大社與護持院，都特別舉辦祈福儀式。一般農民則把稻草紮成人形，敲鑼打鼓，把稻草人抬出村外，或者放諸水流，象徵著趕走蝗蟲之神，以此換取暫時的心安。

天災不但是對百姓的折磨，也是對於執政者的考驗。

上述這場大饑荒發生時，江戶幕府正由第八代的將軍德川吉宗領導。在日本歷史上，吉宗以勇於改革而出名。他在一七一六年繼任的時候，德川幕府已經執政了一百多年，長期累積下來的社會問題

德川吉宗。

重重，正需要大刀闊斧地整頓。

吉宗對於文學、藝術都沒什麼興趣，只在乎實用和效率。人們說他個性獨裁，傾向把權力攬在自己手中，也喜歡能夠貫徹自己意志的官員。正因為這種個性，讓他和一些想法不同的人產生了對立與衝突。不過，吉宗行動明快，不論律人律己都十分嚴格，而且重視法律與制度，所以一掃幕府之內腐敗的風氣。

為了建立一個精實的政府，吉宗上臺後，立刻撤除了許多不必要的職位和冗員，並減少鋪張浪費的儀式；另一方面，他又借用民間的力量，積極開墾新的農田，增加稅收數字，藉由同時節流與開源，重建整頓政府的財政收支。

吉宗也關心一般小老百姓的生活。他在江戶等幾個城市裡設置了所謂的「目安箱」，一

日本民間傳說，因為鯰魚翻身造成了地震，百姓受盡折磨，但也讓許多人賺飽了復興財。

般人可以在每個月的二日、十一日和二十一日，透過書信，向他抱怨施政問題，甚至是舉報貪官污吏，吉宗還會親自觀看投書。透過這種方式，他可以直接了解民意，不用擔心被屬下矇騙，更可以借此監督失職的官員。

當時有許多大商人會透過囤積稻米、操縱物價，來獲取暴利，吉宗對這種行為深惡痛絕，認為嚴重影響了一般人民的生活。因此，他要求中央與地方政府積極介入，監控米價，防止商人用不正當的手段牟利。吉宗對於糧食問題的關心，甚至為他贏得了「米將軍」的綽號。

不過，一七三二年的大饑荒，對於吉宗的施政形成了很大挑戰，政府管控米價的作為，在當時幾乎失效。為了避免饑荒持續惡化，幕府在大阪、京都等發放存糧，防止更多人餓死。民間一些還過得下去的人，也紛紛出錢出力，救濟饑民。

在部屬建議下，吉宗找來一位名叫青木昆陽的讀書人，支持他在江戶嘗試種植蕃薯。這次饑荒年間，已經有人靠著吃蕃薯來維繫生命。不過，整體而言，蕃薯在當時日本還不算普遍的食物。

青木昆陽從南部的薩摩藩取得了蕃薯種子，經過幾年研究與實驗，上呈給德川吉宗一本《蕃薯考》。看了這本書的德川吉宗，開始在全國推行蕃薯的種植，沒過多久，蕃薯就普及於各地。在後來的饑荒中，蕃薯扮演了重要的救命角色，而青木昆陽也因為推廣有功，被暱稱為蕃薯先生。

在德川吉宗執政下，江戶幕府完成了一次難得的改革，也熬過一次嚴重的饑荒。然而，天災只會暫時消失，不會永遠離去。

蕃薯先生紀念碑。

一七八二年，日本又一次面臨大饑荒的問題。更糟的是，這次饑荒還伴隨著一連串的天地異變：先是位於日本中部的淺間山大爆發，隔年江戶又發生火災與大地震，到了夏天更爆發少見的大水災。

只有天災似乎還不夠，當時在位的將軍德川家治（吉宗的孫子）在此時因病去世，掀起幕府內部一場接班的權力鬥爭。

問題接踵而來，加重了饑荒的災情，造成死亡人數難以估計，有些地方甚至傳出了人吃人的消息。有些人開始宣稱，災難是上天想要懲罰道德敗壞的人間，是場天譴。有些人則聚集起來，抗議政府無所作為；還有一些人，則把憤怒的矛頭指向地主與無良商人。

隨著災害頻傳，人們的騷動也越來越頻繁。起初，抗爭的大多是一些小農民，他們在生活面臨問題的時候團結起來，向政府提出改革要求。但有時請願會變成起義，無法獲得政府回應的小老百姓，只能用暴動的方式，表達他們的不滿。

進入十九世紀後，這種被稱之為「一揆」的行動，次數越來越多。這時候的日本經濟開始走下坡，成長越來越緩慢，江戶時代早期充滿活力的發展，如今已經不復見。人們對於生活的困難，更加覺得難以忍耐。

到了一八三三年，日本又一次爆發的大饑荒，讓人們對幕府的不滿達到了極點。在大阪，有位名叫大鹽平八郎的讀書人，積極向政府建言，希望官員能夠體恤人民苦難，早日提出對策，救濟貧民，想不到建言卻被官方打了回票。氣憤的他，寫了一篇慷慨激昂的文章，

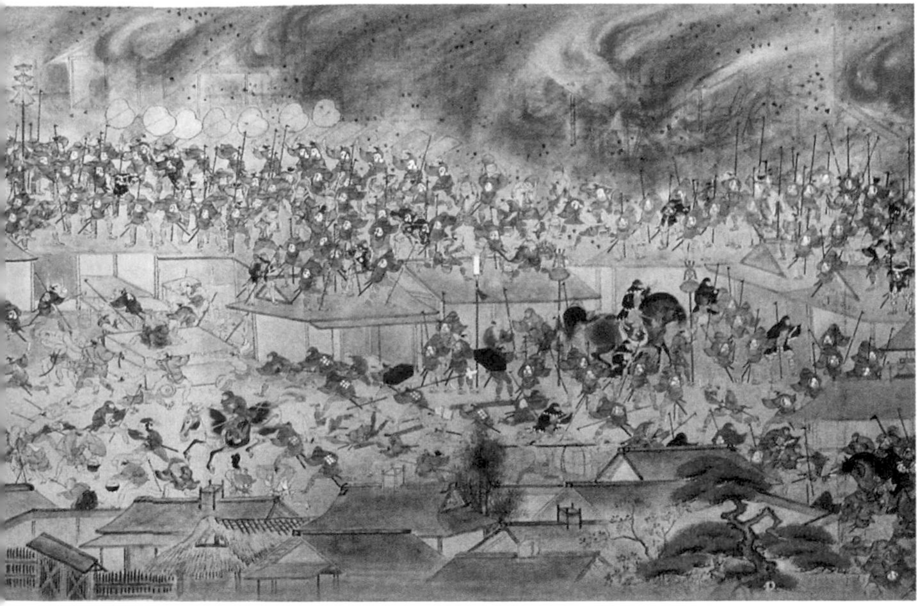

到處發送，文章當中控訴政府腐敗，貪官與奸商勾結，呼籲民眾勇於起義。

許多走投無路的小老百姓，受到他的鼓舞，果然起而抗爭，甚至暴動，在大阪四處放火，並且攻擊有錢人家的住宅，整座城市陷入一片混亂。這場暴動雖然在不久後遭到鎮壓，騷動卻沒有因此而平息，很多自稱是大鹽平八郎弟子的人，乘機在各地起義，全國的抗爭烽火不斷。

大鹽所點燃的，是許多人對政府長年累積的怒火。統治日本兩百多年的德川幕府，到了十九世紀中葉看來，已經有些搖搖欲墜。民眾的騷動不安，只不過是眾多問題的表象。幕府裡頭的官員，不是沒有想過重新振作。他們提出了改革方案，希望能夠重振士氣，挽救時局。只是，時代的變化，有時超乎人們反應的速度，與兩百年前德川家康奠定幕府時相比，這世界已經不一樣了。

很快地，德川幕府就會發現，他們不只需要面對國內的天災人禍，一個全新的挑戰，還將從遠方不請自來，出現在自家的大門前。

江戶大火。

第六章

黑船：不請自來的訪客

一八五二年的十一月，美國海軍提督培里（Matthew Perry）帶領著四艘軍艦、兩千多名船員，浩浩蕩蕩地從美國東岸的港口出發。艦隊的目的地，是遠在地球另一端的日本。這是趟漫長的旅程，光是航行，就耗費超過半年時間。

培里一行人先橫越了大西洋，然後沿著非洲西岸航行，繞過南端的好望角後，再穿越印度洋。進入東亞海域後，培里的艦隊不只停留在香港、上海等地，還專程造訪當時尚未併入日本的琉球王國。當培里等人抵達日本的時候，已經是隔年六月了。

培里是位老練的將領，他出生在美國的麻州，父親也是軍人。培里十四歲就從軍，擔任過海軍造船廠的廠長，又曾親身參與多次戰役，包括四年前剛結束的美墨戰爭，這場戰爭讓美國從墨西哥手中獲得了一片新領土——加州。

已經五十八歲的培里，這次遠行肩負著一個重要的任務：他要為美國打開日本的通商大門。

當時的日本，對於西洋來的船隻，仍然只開放長崎一個港口，並且設立了嚴格的規定。除了荷蘭人有權進入之外，其他的歐洲國家一概被拒於門外。雖然如此，從十九世紀初年開始，歐洲的船艦就越來越頻繁地出沒在日本海域；換句話說，早在培里之前，就已經有人試圖向日本叩關。

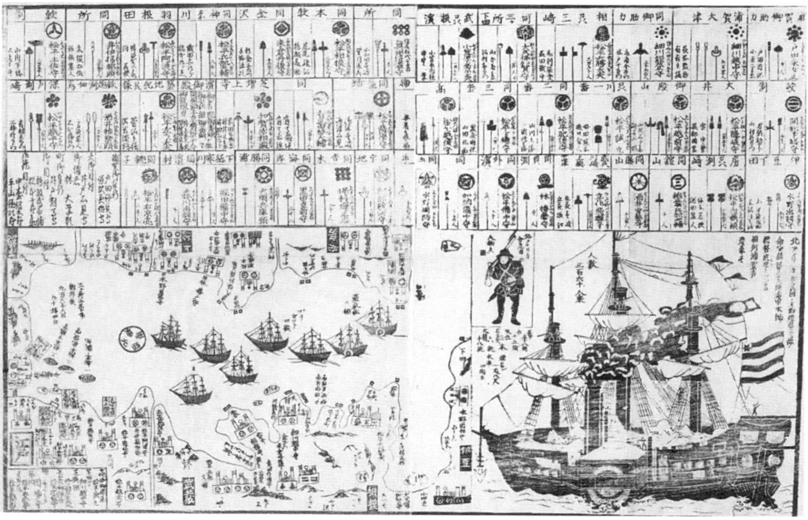

日本人眼中的黑船。

比如一八〇八年的夏天，有艘掛著荷蘭旗幟的大型軍艦出現在長崎，沒想到，當這艘軍艦開進港口後，突然旗幟一變，換成了英國的國旗，還立刻挾持了兩名荷蘭船員做為人質。船艦上的英國人，要求日本方面立刻提供糧食與薪水，並揚言放火燒毀港口中的其他船隻。無奈的長崎官方，因為兵力有限，對於英國船艦的要求，只能乖乖地照辦，並且看著這群人揚長而去。因為這起意外，長崎的一名官員松平康英，甚至為此切腹自殺，以死謝罪。

這起事件不久，法國人也來了。他們沒有直接接觸日本，而是先向日本南方的琉球王國交涉，要求通商。即便如此，日本政府也已經隱隱約約地感覺到，外國勢力正在步步靠近。

但最讓日本在意的，既不是英國，也不是法國，而是位於北方的俄羅斯。這個崛起中的新帝國，似乎處心積慮地要往南方擴張。它軟硬兼施，一方面派遣軍艦，在海面上耀武揚威；一方面送出使節團，和日本談判貿易事宜。俄羅斯的動作頻頻，讓日本不能不提高警戒，加強在北方領土的國防部屬。

不過，這些紛紛擾擾都並未根本性地改變日本的對外政策。整個世界看起來還在掌握之中，幕府依舊能夠不動如山。當時或許很少人能料到，最後帶給日本政府最大壓力，進而徹底改變局面的，竟然是來自太平洋另一岸的美國。

美國海軍提督培里。

在培里來到日本之前，美日雙方的來往非常有限，而且大多都是發生在一些偶然或是意外的情境下。

比如在一八四一年，有位名叫中濱萬次郎的日本人，在一次出海捕魚時不幸遇到暴風雨，他在海上漂流了幾天，最後抵達一座無人島。據說萬次郎和他的同伴們，以捕食島上的信天翁為生，就這麼撐過了五個多月，直到被一艘美國的捕鯨船發現，將他們帶回夏威夷。

萬次郎不是第一個踏上美國國土的日本人——在他之前，早就有其他漁民在船難中被美國人所救起，陰錯陽差地踏上了新大陸。

但萬次郎是第一個在美國接受教育的日本人。遭遇船難這一年他才十四歲，還是充滿好奇心、學習能力豐沛的年紀。他在捕鯨船船長的協助下，抵達美國麻州的一個小城，住進美國人家中，並開始了他的「留學」生涯。

萬次郎在海外的時間，除了學習英文，同時也學習航海術與測量術，成為了美國的航海士，還改名為「約翰．萬」（Jonh Mung）。就這樣過了將近十年，萬次郎才搭著船，從異鄉返回故鄉，化身成了日本著名的英語教師，後來有些日本人會稱呼他為「約翰．萬次郎」。

一八五〇年，也就是萬次郎返國的同一年，有另外一位叫彥太郎的年輕人，同樣遭遇船難，開始了他的漂流之旅。那一年，彥太郎也只有十三歲。他後來被一艘美國船隻救起，跟著這艘船，先到了美國西岸的舊金山，然後橫越太平洋，抵達澳門，接著又回到舊金山。

和萬次郎一樣，彥太郎在美國前後待了將近十年的時間。他不但受洗為天主徒，改名「約瑟夫．彥」（Joseph Heco），還曾經面見美國前後三任總統，包括林肯。二十二歲那年他回到了日本，立刻因為這段獨特的經歷，受到重視，成為政府的翻譯官。

不過，無論是萬次郎還是彥太郎，抑或是其他有著類似遭遇的漂流難民，都只能算是偶然的歷史插曲，不能當作美日官方的正式來往。也是在這樣的背景下，培里艦隊造訪，更顯得突然。

抵達太平洋另一岸的培里，不顧日本兩百多年的慣例，逕自將船艦駛進了距離江戶不遠處的浦賀港，相當於侵入日本的領海。他很清楚，江戶是一個臨海城市，從海面上攻擊，可以對這座繁榮的大都市造成嚴重破壞。對日本政府而言，這是很久沒有碰到過的直接威脅。

停泊在江戶灣外的美軍軍艦，巨大得

日本人眼中的培里。

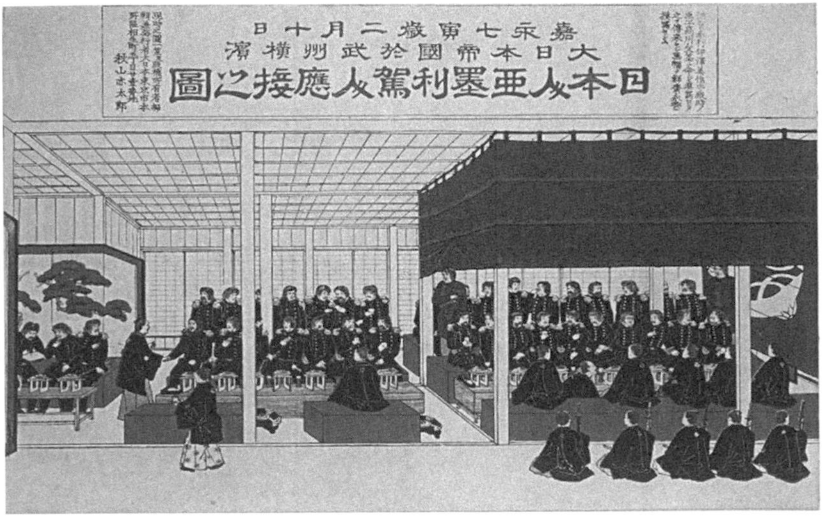

日本人在橫濱接待美國人。

驚人。其中最大的一艘船艦，噸位超過兩千噸，比當時日本最大的帆船，大了十倍以上。當時的目擊者說，他們彷彿看到了浮在海上的城堡。沒見過蒸氣船的日本人，無法理解為何眼前的美軍軍艦，竟然可以不靠風力而移動自如。人們對這些怪物般的船艦印象深刻，把它們稱之為「黑船」——這是江戶時代日本人對外國船隻常見的稱呼。

黑船的到來，立刻引發江戶城中的騷動，擔心什麼大事就要發生的日本民眾，開始囤積生活必需品。城裡頭的米糧、蠟燭，乃至於味噌、草鞋，很快就被搶購一空。

至於執政的日本幕府，儘管並未驚慌失措，但也已經出現了強烈的危機感。

日本與美國之間，雖然過去的來往不多，但對於彼此並不是一無所知。我們曾說過，日本長期以來的貿易盟友荷蘭，會定期將國際大事上報給日本幕府。所以，日本的執政者，早就意識到國際局勢正在變化。

最讓他們憂慮的一則新聞，是幾年前中國和英國的鴉片戰爭。對於這場戰爭過程，從雙方的兵力、戰略，到戰場上的動態，日本都從荷蘭方面接收到了詳細的情報。龐然大物般的中華帝國，竟然被遠道而來的大英帝國擊敗，對此，日本不能不感受到強烈的衝擊。如今，西洋人已經來到自家門口，一旦雙方真的交火，日本究竟能有多少勝算？

幸好，培里並沒有對江戶城展開攻擊。據說出發之前，培里原本希望能率領十二架軍艦，這樣一來，如果真要打仗，必能穩操勝算。不過最後，美國政府只派給培里四艘軍艦，又被要求他不得任意開火。顯然，軍事衝突並非美國的目的，培里身上帶著美國總統署名的國書，要的是日本政府接受開國通商的要求。

事已至此，日本幕府也不得不出面處理。但第一個問題是，這兩個國家，該用什麼語言來交涉呢？培里方面沒有人會說日文的船員，只有一些人能勉強講點簡單的中文。至於日本，此前兩百多年間，對西方的外交語言是荷蘭語；學習英語不過是最近的事情，能夠將英語運用自如的外交人員，還非常有限。而其中最傑出的，就非是前面所提到的約翰．萬次郎莫屬。

可是約翰．萬次郎可靠嗎？他在美國的十年生涯，讓日本幕府對他抱持著懷疑的態度：這個人，會不會是美國的奸細？會不會在重要關頭胳臂向外彎？因為他的留學經歷，萬次郎反倒被排除在選項之外。

翻譯的任務，最後落到一位叫做崛達之助的日本人手上。崛達之助是位職業翻譯官，對相關工作十分熟悉。但他向來負責的是荷蘭語，能懂的英語很有限。所以，當他一接近培里的軍艦時，立刻就大喊：I can speak Dutch！（我會說荷蘭語！）

美日雙方的會談，就這樣用著荷蘭語展開了。

第七章

開國：翻天覆地的世界

說著荷蘭語的崛達之助，並沒有打算與培里達成任何約定。他和同行的另一官員，是被派來與美方談判的。他們要求培里等人遵循日本慣例，先移動到做為外交窗口的長崎，再做後續打算。

培里對此斷然拒絕，甚至還派出一艘測量船，大剌剌地開進江戶灣，作勢威嚇。面對這種情形，江戶幕府不得不做出讓步，接下了國書。但他們沒有立即接受所有要求，而是答應培里，隔一年一定做出適當回應。培里獲得了他要的承諾，這才甘願離開日本。

培里離開後，留下的是舉棋不定的江戶幕府。面對這前所未有的危機，位於江戶的執政者採取了一個罕見的舉動：他們將美國國書翻譯成日文，一方面寄交給天皇，另一方面則轉送各地方的官員與幕僚，向全國徵求意見。

面對黑船壓境，日本要抵抗，還是接受？幕府的政策似乎已經不能不改變了，只是，到底要在對方威脅下打開門戶，或者做好準備，按照自己的腳步走向世界？對於這些問題，日本國內充滿著不同的聲音和想法。

爭論不只發生在政府與知識份子的圈子內，黑船造訪的消息，也引發民間議論紛紛。

培里離開之後，武器成為了江戶城內的熱門商品。社會上出現傳言，要是誰能提出擊退黑船的構想，就有可能立刻被拔擢為地方首長，各式各樣充滿想像力的方法，因此紛紛出籠。有人提議，要派出一千艘漁船前去迎接培里，並送上大量的美食與財寶；如此一來，培里一定會樂意讓他們上船，召開歡迎派對，這樣一來就可以乘機炸毀美國人的火藥庫。還有人說，要利用潛水的方式，破壞黑船船底，等對方船員上岸修船之際，再予以一網打盡。

只不過，眾人還沒有來得及找到一個能夠實行的、完美的構想，培里又來了。

這一次的培里，要求日本給一個確切的答案，不能再找藉口。

日本不願在匆促的情況下和美國開戰，只好擺出盛大的宴席，好好款待培里。接下來，在不到一個月的時間，日美一連開了四次的磋商會議，最後簽下了所謂的「日美和親條約」。

按照這份條約，美日雙方不僅要「永世不朽的和親」，日本還必須開放北海道南端的箱館（今天的函館），以及位於江戶南方不遠處的下田，並且供給美方船員的薪水與補給品。

培里二次造訪日本。

箱館到下田之間的距離，差不多就是從下田航行到琉球王國的距離。從這幾個港口的選擇可看得出來，美國雖然要求日本開港通商，著眼的卻不只是日本的國內市場，而是在整體戰略規劃下，挑選他們的海外據點，以促進遠洋漁業與貿易的發展。

就在「日美和親條約」簽訂的隔年，江戶發生了百年難得一見的大地震。這場地震，再加上後續引發的火災，已經給江戶帶來重大打擊。隔一年，另一場大風雨又接著襲擊了江戶，洪水淹過了城市，許多建築物禁不著風雨，應聲倒塌。

但在地震與風雨過後，另一場讓日本天翻地覆的改變，才剛剛要開始。

「日美和親條約」讓美國得以在日本派駐正式外交使節，而第一位被派到日本的美國大使，名叫哈里斯（Townsend Harris）。哈里斯比培里小十歲，出生的時候家境清寒，但他對語言特別有天分，靠著自學精通了好幾種語言——只是不包括日語，哈里斯剛剛抵達日本時，差點因為語言不通而上不了岸。

不過，哈里斯對於這個遙遠而陌生的異國充滿著興趣，他居住在下田的一座寺廟中，但時常四處探訪，觀察日本的日常生活。對於日本澡堂的混浴文化，他尤其感到好奇。在日記中，哈里斯這樣寫著他的觀察：「我看到了一位帶著孩子入浴的女性，這位女子沒有絲毫的不安，而是臉上帶著笑容，對我說著日本人常掛在嘴邊的『歐嗨優』（早安）。她的皮膚非常的美。」

赤裸著身體的男男女女，竟然可以共處在同一個空間裡，看到外國人也不覺羞恥，這讓美國來的哈里斯大為詫異，印象深刻。不過，對於闖入澡堂的哈里斯，日本人的反應倒是相當平靜。他們比較好奇的是這位外國人竟然不喜歡溫泉，反而偏好冷水澡，讓人不解。

除了做為社會觀察家外，哈里斯在日本真正的任務，是積極地與日本政府交涉談判。在他手上，美國與日本又簽訂了另一份通商條約，這份條約要求日本在箱館和下田之外，繼續開放橫濱、神戶等新港口，並且讓美國人可以上陸居住。

其他的西方國家沒有坐視美國在日本的所作所為。美國像是推倒了第一張骨牌，在它之後，俄羅斯來了，英國來了，其他的歐洲國家也跟著來了。他們要求獲得和美國同等的貿易空間與優惠條件，日本無力拒絕，只能簽下一個又一個不平等條約。

日本兩百多年的「鎖國」時代，終於不得不宣告結束。

面對接連而來的外國勢力，日本政府內對於開國與否的路線之爭正式浮上檯面。匆促地開港，讓日本國內的經濟陷入一陣混亂，農民的抗議在各地一次又一次爆發，眾人的矛頭，全都指向了當時執政的德川幕府。這個掌握權力兩百多年的政權，似乎對眼前的問題已經無能為力。

末代將軍——德川慶喜。

其實，幕府也並非毫無作為，當時在位的將軍德川慶喜，還具有一些才幹。他找來了解國際局勢的顧問，打算實施一連串的改革，並且派出留學生，前往歐美等地取經。另一方面，他也嘗試和天皇所在的京都朝廷合作，希望能藉此鞏固自己的權力。

在反對幕府的人眼中，這一切只是徒勞無功。有人喊出了「尊王攘夷」的口號，意思是要把外國人趕走，並且讓原本被架空、有名無權的天皇取代幕府，重新回到執政的位子。要把外國人趕走，當然很難成功，當時日本軍隊的裝備、訓練，都無法和西方人一較高下。不過，要讓幕府下臺，卻絕非不可能的任務。

對國家前途憂心忡忡的愛國志士，從地方上開始動員、結盟，其中一位名叫坂本龍馬的武士，尤其積極奔走。他聯絡地方上實力雄厚的領袖，將所有對幕府不滿的勢力聯合起來，打算一舉推翻現有的體制。很可惜，坂本龍馬的雄心壯志還未能完成，自己卻在一所旅館中遭到暗殺，提早退出戰場。

（上）攘夷。（下）大政奉還。

在幕府軍與新政府軍決戰前夕，民間引發了一場名為「不亦善哉」的騷動。

不過，討伐幕府的腳步，並未因此停止下來。

就在反幕府和幕府要決戰的前夕，日本開始傳出不尋常的消息。一批又一批的民眾，不知道什麼原因，跑到了街上，沒日沒夜地跳著奇怪的舞蹈、唱著奇怪的歌曲，而且重複著「不亦善哉、不亦善哉。」

參與的人群，趁著混亂闖進有錢人的家中，將房屋內洗劫一空。還有許多人男扮女裝，或者女扮男裝，甚至穿上與自己身分不符的服裝。在這場怪異的騷動中，人們打破了傳統的秩序，逾越了一般的社會規範，逼得地方政府不得不出面處理。

這場「不亦善哉」騷動，彷彿是在預言幕府所代表的政府，即將崩潰瓦解。

一八六七年的十月，執政的德川慶喜主動宣布要將政權歸還天皇。德川慶喜原本以為，如此一來，他至少還能維持執政者的身分，參與政府的運作。沒想到，不久京都傳來消息：天皇不僅要將他徹底排除在執政團隊之外，還要將他的領地收回。

德川慶喜知道，在天皇背後策劃這一切的，就是那些一直想要推翻幕府的人士，如今他們已經搖身一變，成為了新政府的成員。德川慶喜不願吃這個悶虧，他派出了軍隊，以幫天皇清除身旁奸臣的名義，開始進攻京都。

幾年前，遠方的美國才剛剛結束一場前所未有的大規模內戰——南北戰爭。現在位於太平洋這一端的日本，也因為幕府與新政府的對抗，開啟了一場內戰。不過，比起南北戰爭持續數年，死傷慘重，日本這場內戰就相對簡單得多。幕府的軍隊雖然在人數上超過對手，但士氣和裝備卻是遠遠落後，因此在兩軍相接時，節節敗退。打到最後，德川慶喜不得不狼狽地逃回江戶。這裡是他最後的據點。

新政府軍原本想乘勝追擊，徹底打垮德川慶喜的勢力。不過，幕府很清楚自己已經沒有勝算，很快便放棄了抵抗，出面投降。於是，新政府軍在沒有流一滴血的情況下，進入了江戶城。

幕府軍在京都的鳥羽伏見之戰大敗，慶喜從大阪逃回江戶。

就這樣，年僅十五歲的明治天皇，在眾人簇擁下，登上了執政的位子，成為新政府的元首。兩百多年的德川幕府時代，也正式劃下句點。黑船的造訪，最後竟然導致了這樣的結果，恐怕是培里自己也沒有預料到的。

不過，讓天皇重新掌握權力，只是日本走向新時代的第一步。日本的危機也並未隨著幕府倒臺而消散，國內仍有無數的問題等待解決。在接下來的日子，天皇與圍繞在他身邊的人們，還要一步一步地，打造出一個全新的國家。

第八章

岩倉使節團：向西方學習

一八七一年十二月二十三日，一艘由太平洋郵船會社經營的蒸氣船，載著一百零七名乘客，從橫濱港啟程，開往了太平洋另一端的舊金山。出發那天天氣晴朗，許多人特別到了港口送行。

蒸氣船在隔年的一月十五日順利抵達目的地，此時舊金山已經進入了寒冷的冬天，但這一百零七名日本訪客，在當地受到了十分熱情的歡迎。

這艘船上載著的不是一般遊客，而是明治新政府成立之後，第一次出訪歐美的外交使節團。使節團由日本當時的「右大臣」岩倉具視親自率領。「右大臣」是當時天皇之下的第二號人物，地位僅次於「大政大臣」；換句話說，為了執行這樣一項意義重大的任務，日本派出了國內極具分量的官員。

與岩倉具視同行的明治政府官員，一個比一個更年輕。擔任副使的木戶孝允三十九歲，大久保利通四十二歲，山口尚芳三十三歲，伊藤博文三十一歲，就連團長岩倉自己

（左）女留學生津田梅子。（右）岩倉使節團。

也只有四十七歲，要是用今天的標準來看，說不定會被認為是群童子軍了。不過，年輕的使節團似乎也代表了剛剛誕生的明治政權，充滿希望與朝氣，準備勇敢地迎向世界。

船上的一百零七人中，還有四十二人是由國家派出的留學生，包括五名女學生。年紀最小的一位叫津田梅子，使節團出發時，她只有八歲。

和二十年前造訪日本的培里一樣，岩倉使節團肩負著重要的外交任務。他們的目標是與歐美各國談判，改正德川舊政府對外簽下的不平等條約。

一八六八年成立的明治新政府，此時已經進入第四個年頭。在這短短四年內，他們積極推行了各種改革，企圖打造一個全新的國家和社會。

這場改革觸及了各個層面，從政治、經濟到宗教信仰與日常生活，包括消滅武士原本的特權身分，讓四民（士農工商）有著平等身分，又宣告解放賤民階級。原本封建時代的地方領主，不但喪失了統治權，還被要求移居東京。明治天皇即位的那一年，這座原本名叫江戶的城市，成為了明治新政府的首都。

透過這一連串改革，明治政府開始邁步向前，重拾自信，不再像是二十年前，那個面對黑船無力抵抗的落後國家。而在內部工作展開的同時，對外的問題當然也必須一併處理。岩倉使節團就是這個背景下出發的。

不幸的是，岩倉等人在第一站就碰了釘子。儘管美國人熱情迎接使節團，卻對團中成員所掌握的談判權限表示懷疑。面對這種刁難，岩倉等人不得不臨時派員回到國內，申請一份政府的委任狀，以表明自己的身分地位。這一來一往，甚至讓使節團的行程也只能隨之延期。

即便如此，和美國的交涉仍是困難重重，各種要求都被打了回票。顯然，和日本所設想的不同，美國還不打算要和這個新生的國家平起平坐。連美國都如此，其他老派的歐洲國家想必更不用說了。

岩倉使節團這才發現，原來要玩國際政治的遊戲並不容易，自己不過剛剛入門，很多規則還搞不清楚。擔任使節團副使的木戶孝允，感覺自己一事無成，卻又無能為力，因而在日記中沮喪地寫著：「這一切委屈、遺憾，都只能含淚吞下。」

在改正條約上遭受挫敗的岩倉使節團，只好把出訪的重心放在另一項任務上：考察歐美各國的政治與社會。

岩倉使節團在一八七二年的三月抵達美國首都華盛頓特區，之後轉往波士頓，又從波士頓前往英國倫敦，並由英國展開巡迴歐洲的行程。他們接連造訪了法國、比利時、荷蘭、普魯士（德國）、俄羅斯、丹麥、瑞典、義大利、奧地利、瑞士，一直到隔年九月，才從法國南部的港口馬賽返國。

這一路上的所見所聞，在在讓他們印象深刻。他們看了英美兩國的議會制度，發現國會議員雖然受到一般人的尊敬，但其中卻有不少庸才，真正優秀者不過是少數。但他們對英國的維多利亞女王充滿敬意，認為她是歷史上少有的「仁君」。

岩倉使節團不只關心英法等大國的動向，對於比利時、丹麥等小國更是充滿好奇，想弄清楚他們如何在強權環伺下，還能保持自主獨立，而且團結繁榮。對於當時的日本而言，與其寄望和大國並駕齊驅，倒不如抱持著「小國主義」，避免在帝國主義的浪潮中滅頂。

但最讓他們傾心的，莫過於德國。德國的鐵血宰相俾斯麥，親自接見了使節團的成員，並向他們講述當年的一個小國普魯士，如何崛起為歐洲的一方之霸，成為今天的德意志帝國。有的成員聽了之後大感佩服，認為德國最能做為日本的模範。

除了政治制度外，岩倉一行人也參觀了工廠、醫院與大學。歐洲各地的植物園、動物園和博物館，同樣在使節團造訪的行程之中。

歐美的風俗習慣，也深深地留在岩倉等人的腦海之中。使節團中的一名成員久米邦武，從波士頓準備啟程前往歐洲前，正好在碼頭上看到幾對夫妻正在擁吻，這個景象到他晚年時依然印象深刻，因而被寫進了他的回憶錄中。不過在他筆下，這種舉動算是「卑猥的醜俗」——當時的日本男女是不會做這種事的。

(左)鐵血宰相俾斯麥。(右)「仁君」維多利亞女王。

而在岩倉使節團遊歷歐洲期間，日本國內的變革腳步並沒有停止下來。使節團出發之前，待在國內留守的政府官員們，原本答應不會有太多的動作。畢竟，中央政府的高級官員有半數在外，如果有什麼重大的決定，似乎應該等他們回國後再做商量。

不過，留守政府的成員對國家改革自有一套主張。他們當年也曾經參與推翻幕府的行動，在新政府中有舉足輕重的地位。他們並不打算毫無作為，痴痴地等待岩倉等人回來。

結果，使節團才出發沒多久，留守政府就接連地發出改革命令。

而且，每個都是對日本影響深遠的重要改變。

第九章

文明開化：打造新國家

留守政府的成員們，最優先的目標，是打造一個強大的國家。而要達到這個目標，首先必須擁有足夠的軍事力量，而且是由中央操控。因此，在一八七二年，明治政府針對滿二十歲的男性發出了徵兵的告令。這樣一來，當兵就變成了國民義務。但在民間，這項義務卻被稱為「血稅」，而且很多人並不想繳交。

徵兵政策實施初期，確實有許多機會可以免役，甚至只要交出兩百七十日圓，即可免除當兵的義務。因此，原本政府預計要徵召二十九萬名士兵，最後卻只來了五萬人，還不到目標的百分之二十。而繳交「血稅」的，顯然大都是群沒錢逃兵的人，屬於社會的中下階層，因為他們別無選擇。

不過，即便一開始並不順利，在徵兵令的陸續推行下，明治政府還是逐漸建立了一個屬於國家的軍隊，改變德川時代由地方領主各擁武力的情況。

要建立強大的國家，不只拳頭重要，軟實力也很重要。如何培養具有「素質」的國民，成為明治政府另一個當務之急。所以，就在徵兵令公布的同一年，新的教育制度也開始實施。一開始的目標，是在全國設立五萬三千多所的小學，讓全國兒童，不分男女，都能接受國家所制定的統一教育。

除了徵兵與義務教育外，新政府也急於改變一般民眾的日常生活，特別是那些與西方文化不同的風俗。他們首先注意到的，是日本人在澡堂混浴以及裸露身體的習慣，對當時的

在橫濱的外國人。

日本人而言，這原本是十分尋常的行為，無論男女，都是如此。但明治政府惟恐在西方眼中淪為野蠻、落後的形象，因而嚴禁這種「缺乏公德心」的行為，要全民將它視為恥辱，必須盡快消滅。

與西洋人的交往，不但給予了日本人一種全新的羞恥感，同時也改變了他們的時間觀。一八七二年的十二月，明治政府宣布拋棄過去習慣用的曆法，改用歐美各國通行的陽曆。為了達成和歐美時間同步的目標，明治五年的十二月三日，成為了明治六年的一月一日，這一年有二十多個日子，好像因此平白消失了。因為少了這些日子，明治政府也得以少發了一個月的公務員薪水，為國家省下了一筆錢。

日本全國上下一同撥快了時間，彷彿這麼一來就能追上西方的腳步。

這是一場由上而下，全面性的、徹底的變革。最有象徵意義的，應該是明治天皇本人的形象。他穿上了西裝，剪短了頭髮，成為全國民眾的榜樣。皇后也一樣，她改變髮型，穿起西洋禮服。不只如此，天皇與皇后還打破傳統，帶頭吃起牛肉。

在此之前，日本人一般是不把牛肉當成食物的。

牛是耕作的工具、農民的夥伴，怎麼能夠端上餐桌呢？不過，現在的日本一切都得向西方學習，就連飲食這麼根本的事情也是如此。因此，皇室晚宴捨棄了傳統的日本食物，改而選擇了供應西洋料理。

對此時的日本而言，西方就是現代，就是文明。

為了向西方學習，日本派出了一波波的留學生。不過，要等到這些留學生學成歸國，還得花上好幾年的時間。急於改革的明治政府，因此同時採行了另外一種政策：他們主動聘用外國人擔任顧問。光是在明治五年（一八七二年），就有三百多名外國人來到日本，分別擔任教師與技術人員等職位。在接下來幾年內，人數更持續增加。

為了吸引傑出的人才，日本政府大手筆推動招聘計畫，不但全額負擔來往的交通費用，提供住宅，更支付高額的薪水。有些外籍顧問所收到的薪水，甚至與日本政府第一級官員的待遇相當，可見日本對待這些人有何等優惠。

儘管受到百般禮遇，對許多西方人而言，要前往日本這樣一個遙遠的國度，仍然是個充滿各種未知數的決定。因為如此，有些外國顧問被保險公司索取了高額的保費，彷彿到日本一趟，是負擔了極大的風險。

在這種情況下，如果要說日本對這些外籍顧問有什麼吸引力，那應該是在這片新天地，他們能夠獲得舉足輕重的影響力，足以改變一個國家的未來——這是他們在自己國內難以獲得的機會。

來自法國的律師玻斯克（George Bousquet），來到日本時不過二十六歲，前後也只待了四年，卻能夠參與起草日本的民法，指點日本的法學界人士。其他的外籍顧問，則參與了日本的軍事制度、金融體系及教育政策的變革。他們其中有許多人，和玻斯克一樣，年紀輕輕，卻為這個正在經歷快速變革的國家，帶來了長遠的影響。

國際化的腳步，改變了人們日常生活的面貌。最能讓人感受到這種變化的，無疑就是在黑船來訪後開放的港口城市。明治初年的橫濱，就是一個例子。

這座位於東京南方的港口，在日本開國之後，成為了外國人聚集的所在，充滿異國風情。在橫濱街頭，瓦斯燈取代了傳統的照明設備，帶著西洋風味的紅磚建築，和傳統日式的木造建築並列在一起。很多新建築物，還裝上了從前所未見的玻璃窗。

新式的洋風建築被當作西洋教會的場地。曾經被日本政府嚴格取締的傳教士，如今漸漸獲得了活動空間。他們一邊傳福音，一邊辦學校、教英文，同時救濟貧民，一心多用。

西式建築物內的家具擺設，也和傳統的日式房屋不同。過去幾百年內，日本人習慣席地而坐，但就連這種習慣，如今也要被認為是落後野蠻——所謂文明，就是必須坐在椅子上。

玻斯克。

身為新政府首都的東京，當然也不落人後。市中心的銀座一帶，很快地就跟橫濱一樣，蓋起了西洋建築，點起了路燈，馬車喀啦喀啦地在街頭穿梭。路上多數人還穿著和服，但已經有人換上西裝。而吃牛肉、喝啤酒，這些原本屬於西洋人的飲食習慣，短短幾年內，就在東京流行了起來。

幾年之後，一棟華麗的兩層樓建築物在東京落成，它由英國來的建築師所設計，卻有個十分東方的名字：「鹿鳴館」。「鹿鳴」二字借用的是中國經典《詩經》中的句子：「呦呦鹿鳴，食野之苹，我有嘉賓，鼓瑟吹笙。」（鹿兒呦呦叫，吃著野外的艾蒿。我有許多賓客，就要奏樂歡迎他們。）

鹿鳴館在明治十六年（一八八三年）開幕，成為日本新政府接待外賓的場所——確實符合了它的名稱。只不過，會場裡頭聽不到東方音樂，演奏的反而是西洋樂曲。日本的外交官們，在妻子陪伴下，跟著西方的節奏，踩著西洋的步伐，在會場裡翩翩起舞，就這樣跳進了世界的舞臺之中。

「文明開化」，這是明治政府對於未來的想像，也是他們最渴望達成的目標。經過十多年的努力，這個理想似乎就要實現。鹿鳴館裡頭夢幻般的舞會，就是最好的證明。

鹿鳴館。

不過，這一場快速而劇烈的改革，勢必要摻雜著不同的聲音，遭遇各種的反抗。當鹿鳴館中的日本外交官穿著華服，與各國使節你來我往之際，在這個國家的另一個角落，還有另外一群人，正在構想著一個不同的未來。

第十章

自由民權：理想政治的追尋

日本有種說法，認為在明治維新時期，曾經出現過三個最傑出的人物，他們是木戶孝允、西鄉隆盛與大久保利通。在當年扳倒幕府的過程中，這三人都曾經出過一份力，而在明治新政府上臺後，他們也曾經先後擔任執政的重要位子。對許多日本人而言，他們是不能遺忘的英雄。

不過，曾經同心協力的夥伴，不見得能夠永遠攜手合作。在共同的敵人被打倒了之後，往往新的內部矛盾就會跟著浮現。

木戶孝允等人也一樣。明治政府成立後不久，這三位英雄之間就產生了衝突，分裂成兩個陣營，而讓他們分裂的理由之一，是日本身旁的國家：韓國。

話說明治新政府成立後，打算與韓國（當時的朝鮮王朝）重新開始外交活動——在這之前，雙方已經有一陣子沒有正式來往。沒想到送出公文之後，韓國的回應，卻是認為明治政府沒有符合德川時代的慣例，並用這個藉口，

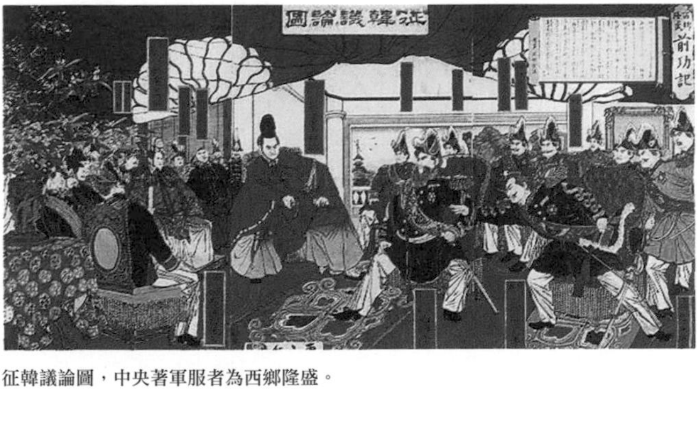

征韓議論圖，中央著軍服者為西鄉隆盛。

板垣退助。

給日本政府打了回票，讓他們吃了閉門羹。

所謂不符慣例，指的是明治政府在國書上用了「天皇」的名義，而不是傳統的「日本國王」。從日本角度來說，國家領袖已經換人，外交用語當然也必須更新。但朝鮮王朝卻說，只有中國能用皇帝一詞，日本不行。

韓國的回應，讓日本政府內部議論紛紛，其中更出現了一股聲音，認為韓國這個舉動太過無禮，蔑視日本。日本應該採取強硬的態度，甚至不惜出兵征討，給對方一點顏色瞧瞧——這種立場後來被稱為「征韓論」。明治三傑之一的西鄉隆盛，就屬於這種強硬派的一員。

但木戶孝允與大久保利通則站在爭論的另外一方。他們兩人都是岩倉使節團的成員，和屬於留守政府的西鄉隆盛，觀點並不一樣。他們認為，與其匆促地對外用兵，日本應該以內政為優先，把自己的事情處理好，之後再來思考對外擴張也不遲。

雙方圍繞著這個問題，在政府中展開了政治角力，兩邊對自己的主張都很堅持。不過最後，木戶孝允的「內治派」獲得勝利，西鄉隆盛則在權力鬥爭中落敗，黯然離開政府。「征韓論」的紛擾也到這裡暫時告一段落。

不過，衝突並沒有因此而結束。

西鄉隆盛下臺後，回到了故鄉鹿兒島，並在當地培養自己的軍事力量。幾年之後，他突然起兵造反，率領軍隊攻打政府。和他同行的，有許多對明治政府早有不滿的傳統日本武士，他們在新政府上臺之後，感覺自己的權益大受損害，因而把西鄉隆盛視為精神領袖，追隨他起義。

西鄉隆盛來勢洶洶，明治政府也不敢大意，派出大軍，討伐這股反叛的勢力。兩邊展開了激烈的戰役，官方的軍隊雖然握有精銳的武器，但也沒能佔到絕對上風。

戰爭一共打了八個月，雙方死傷慘重。最後在一場決戰中，西鄉隆盛中彈負傷，切腹自殺，反政府的勢力才跟著瓦解。

這場名為「西南戰爭」的事件，是明治政府上臺後最大規模的叛亂，卻也是反對勢力最後的抗爭。在此之後，再也沒有人能夠挑戰官方的軍事實力，明治新政府確立了自己在武力上的絕對優勢。

只是，武力能夠鎮壓反對聲音，卻不能贏得所有人的心。西鄉隆盛在西南戰爭中落敗，卻被認為是勇於反抗政府的英雄，反倒成為人們歌頌的對象。

除了西鄉隆盛之外，日本國內還有另外一群人，也在挑戰著明治政府的權威。他們手上沒有精銳的武器，但他們有紙跟筆。他們不能武裝起義，但能夠發行報紙，撰寫文章，批評政府。

他們說，明治新政府的權力，掌握在少數人手中。這群人往往一意孤行，不能反應民意，跟專制的國家沒有兩樣。他們認為，日本民眾需要的是自由與權利，而不只是一個強大的國家；而他們主張，要解決這個問題，根本的辦法就是要成立能夠反應民意的議會。

曾經與西鄉隆盛共事的板垣退助，就是抱持這種想法的其中一人。

板垣退助本來在政府裡頭任職，但在當年征韓論的風波中站錯了邊，所以失去了官位，回到民間。但他並沒有因此忘情政治。

幾年之後，他和一群志同道合的好友，組成了「幸福安全社」，正式向政府提出設置議會的要求。這個舉動引起了許多人的注意，設置議會的問題，頓時成了報紙上的熱門話題，聲援和反對的文章紛紛出爐。

可是官方的反應是冷淡的，這點不讓人意外，甚至可以說在意料之中。一旦開設議會，政府的施政就會受到牽制、受到監督，沒有掌權者會想要自找麻煩。

板垣退助也知道目標無法輕易達成，需要長期抗戰。所以，在提出設置議會的請願書後，他回到故鄉土佐（今天的高知縣），成立了「立志社」，透過演講和教學的方式，宣揚理念，培養未來能夠共同追求理想的同伴。

明治政府知道一股新的反對聲浪正在民間醞釀中，打算做出讓步，推動制度上的改革。可是另一方面，他們又頒布法律，嚴格控制新聞媒體，如果報紙上出現有毀謗政府官員之嫌的文章，作者會遭到罰款，若是被認定為情節重大者，甚至可能鋃鐺入獄。顯然，有權者不是不願意改革，只是永遠必須按照著他們的方式前進。

一八七七年，西南戰爭爆發，正是這場自由民權運動才剛剛啟動不久之時。西鄉隆盛的失敗，明治政府的勝利，表面上看來對於參加運動的人們是個重大打擊——他們其中有許多人是同情西鄉隆盛的。

可是，就在戰爭之後，爭取自由與民權的呼聲反而高漲，在許多地方，相關的社團一一成立。很多人對於政府與民眾權利的問題，開始產生關心，學習現代政治和法律也蔚

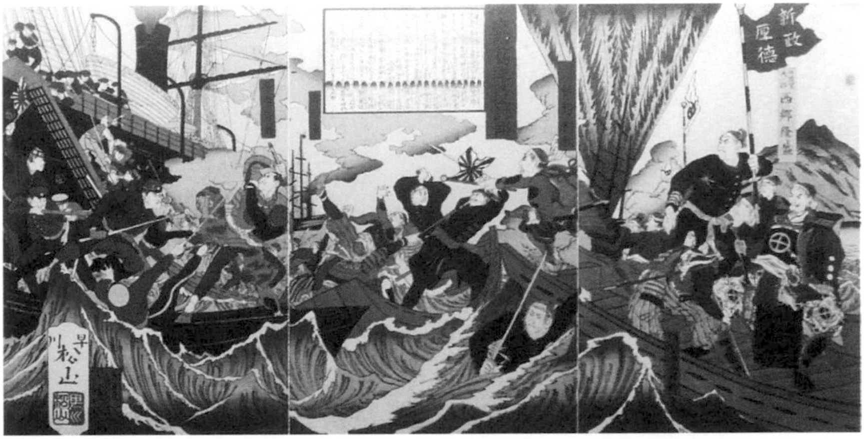

（上）西南戰爭。（下）西鄉隆盛參與西南戰爭的最終激戰——城山之役。

為新的風潮。這場自由民權運動，因此變成了一場新文化運動，改變著人們的思考方式與價值觀。

回應這股趨勢，許多讀書人也開始積極奔走，舉辦演講活動，結果廣受歡迎，有時參加的人數超過上千人，而且聽眾不分男女。有些演講者，也在演講時提倡男女平等的觀念，認為參與政治的權利應該沒有性別之分。

植木枝盛。

為了散播理念，自由民權運動者開始辦報紙、辦雜誌，同時還創作了歌曲、舞蹈，甚至舉辦運動會，想盡各種管道，讓民眾了解他們的主張。

要向政府爭取權益的，不只是有板垣退助這樣曾經在政壇打滾的人物，也不只有少數的知識菁英，許多農民就趁著這個機會，要求政府減低租稅的負擔，讓他們的生活更好過。

因為有不同背景的成員加入，自由民權運動的聲勢一天比一天變得更加浩大。但這也意味著這場運動內部的意見紛雜，包含各種不同的想法。還好，有一個目標是比較清楚的，那就是要求政府早日開設議會。

一八八〇年，各地方的社團因此又一次聯合起來，向政府提出請願，希望能成立議會。可是，他們又一次被政府打了回票。不僅如此，官方還提出了新的法律，除了控制報紙上的言論之外，更進一步限制大型聚會的舉辦，並嚴格監視人民的活動，甚至賦予警察權力，讓他們可以直接解散民眾的集會。民間抗爭的聲浪越強，來自官方的壓制力量似乎也越強。

明治政府看來像是一座高牆，怎麼推也推不倒。

不過，參與自由民權的運動者們沒有洩氣。在前一次的行動失敗後，他們決定採取新的辦法：他們開始草擬「憲法」。

所謂憲法，理論是用來規定政府應該長成什麼樣子的法律。在法律的世界裡，它有點特別，因為它是用來限制國家，而不是限制人民的。在此之前，日本並不存在這樣一部法律，換句話說，政府幾乎是不受到什麼規範的——這恰好就是民權運動者眼中的大問題。所以，他們決定自己動手來寫。

不過，一個政府的運作，牽涉的事情千頭萬緒；更何況，日本的政府到底應該是什麼模樣，每個人都有不同的想法，要把意見都集合起來，變成一套明文的規定，難度之高可想而知。

儘管如此，有很多人對起草憲法的想法充滿興趣，躍躍欲試。結果，短短一段時間內，日本社會竟然就出現了各式各樣的憲法草案。比如，有位還不滿三十歲的年輕人植木枝盛，就以兩百多條條文，洋洋灑灑，描繪出他想像中的日本政府。

植木枝盛參加過板垣退助主持的「立志社」，學習過西方的政治思想，知道歐美國家如何運作，也知道一個理想的政府應該是什麼模樣。根據他的憲法，人民有思想的自由、結社的自由、學習的自由、信仰宗教的自由。他也規定，國家應該要保護人民的自由權利，不能拷問人民，也不能剝奪人民的生命。

這些說法在今天看起來理所當然，但在當時卻是非常前衛的思想。

不只如此，植木枝盛甚至還在他的草案中規定，如果政府恣意暴虐，人民有權利拿起武器抵抗。如果這個政府蠻橫無理，侵害人民的自由權利，那麼人民甚至可以發動革命，推翻

官方版《大日本帝國憲法》正式頒布。

政府。換句話說，革命也是人民應有的權利。

植木枝盛雖然年紀輕輕，但他的草案卻廣受好評，被認為給予人民最高的尊重。

只是，好評歸好評，植木枝盛的憲法版本並沒有受到明治政府的青睞。可想而知，在官方眼中，賦予人民革命權利的憲法，真是成何體統。

不只是植木枝盛的憲法被忽略，所有「民間版」的草案，明治政府都沒有採納。相反地，他們派出了一批人到歐洲去考察，準備撰寫一部官方版的憲法；而領軍這個任務的，則是曾經參加過岩倉使節團的伊藤博文。在出國考察的期間，他十分專注於研究德國的憲法，回國之後，更聘請了德國人擔任法律顧問。

幾年之後，官方版的憲法終於正式頒布。

這一部《大日本帝國憲法》借用了不少德國憲法的理念，但也融合了其他國家憲法的特色，當時的英國報紙，因此將它稱之為一部「折衷主義」的憲法。換句話說，伊藤博文並沒有將西方的體制照單全收，而是按照日本的文化與傳統，截長補短，創造出了一套憲法體制。

這部《大日本帝國憲法》明文規定了人民的權利，也清楚記載了議會的制度。因此民間雖然有所不滿，但已經失去了抗議的著力點。曾經轟轟烈烈的「自由民權運動」，也在這之後逐漸消散。其中有些人轉換戰場，成立政黨，在議會中繼續追求理想。

不過，儘管議會已經成立，但官方版憲法終究還是以官方的利益為優先。當官的伊藤博文，想法和在野的植木枝盛迥然不同。植木枝盛念茲在茲的，是如何保障人民的自由與權利；伊藤博文最在意的，卻是如何創造出一個強大的國家、有為的政府。和這個目標一比，有些人的利益稍微被犧牲，似乎就不是太重要的事了。

不過，唯一的問題是：哪些人要被犧牲呢？

第十一章

福澤諭吉：攀登文明的階梯

從培里的黑船來訪，到幕府體制的崩潰，再到明治政府上臺推動的各種變革。只不過短短十多年時間，日本經歷了劇烈的變化。對當時的人們而言，整個世界天翻地覆，讓人眼花撩亂，應接不暇。

但或許正是亂世出英雄，混沌的世界反而能孕育出格外敏感的心靈。在這個激動人心的時代裡，日本不但出現了許多引領風潮的英雄人物，更有不少對於未來具有洞見，足以在時代中留下印記的大思想家。

福澤諭吉就是其中之一。

一八三四年出生在大阪的福澤諭吉，曾經形容自己是「一身二世」，也就是一輩子經歷了兩個截然不同的世界。童年的他還活在德川幕府的時代，到了一九〇一年他過世的時候，日本的明治政府已經邁入第三十四個年頭。

他見證了一個政權的崩壞，和另一個新政權的興起。他目睹日本經歷危急存亡的關頭，對於國家和社會有著無限的憂心。他總是念茲在茲日本的未來，而對於這個問題的關切，也成為了他寫作的動力和思想的源頭。

年輕時候的福澤諭吉，曾經離開故鄉，遠赴南方的長崎學習「蘭學」，也就是從荷蘭而來的西洋知識。過了一陣子後，他又回到大阪，投入一位大學者緒方洪庵的門下，繼續跟著他學習荷蘭文。

在緒方洪庵開設的學校裡頭，福澤諭吉表現得非常出色，比其他同學都更為優秀。如果就繼續下去，或許會和他的老師一樣，成為一名傑出的蘭學家。可是時代的變化，引領著福澤諭吉的人生走向了不同的方向。

當福澤在大阪學習的同時，日本因為歐美勢力的威脅，放棄了原本的外交政策，開始積極與外界通商。距離東京不遠的橫濱，也是在這個背景下，成為新開放的港口。

橫濱開放不久，福澤諭吉造訪了這座外國人聚集的城市。他原本以為，自己學習多年蘭學，對於西方世界已經多少有所了解。卻沒想到，一踏進橫濱，福澤赫然發現自己不但語言不通，甚至路上招牌的文字都看不懂。

福澤諭吉。

原來，當時橫濱的外國人所使用的是英文，而不是荷蘭文，兩者雖然都是拼音文字，但畢竟是兩種不同的語言。這一點讓福澤既感到震撼，又覺得沮喪——這世界竟然與他想像的完全不同。他感覺自己過去的努力，彷彿只是白費力氣。

從橫濱回到家後，福澤諭吉下了一個決定：他要開始集中精神學習英語，以便真正地認識世界。

就在這趟震撼之旅的隔年，福澤諭吉搭上了一艘名為「咸臨丸」、開往美國的蒸氣船。這艘蒸氣船由江戶幕府派出，船上搭載的人員，都肩負著學習西方技術的任務，因緣際會下，福澤諭吉也成為了其中一員，這讓他終於有機會造訪美國，親眼看見心目中的那個「西方」世界。

在美國的所見所聞，讓福澤諭吉大為傾心。他認為自己過去關在國內，總是夜郎自大，從來不知道文明世界是什麼模樣。在這次旅行後，日本未來應該何去何從，對他來講，答案越來越清晰。

搭乘「咸臨丸」的遣美使節團員，右一為福澤諭吉。

從美國返國的隔年，福澤諭吉參加了另一個前往歐洲的使節團。他在歐洲四處造訪，到處探詢，為的是想要搞清楚西方的制度與思想。

這次旅程，讓他再次確認了自己的信念：日本必須要大膽地拋棄過去，擁抱歐美文明。

即便如此，福澤諭吉並沒有參與當時風起雲湧的反對幕府運動；相反地，他還曾經受雇於幕府，擔任翻譯人員。對於尊王攘夷的想法，他也不盡贊同。親眼見過歐美世界的他，認為要跟西方人對抗只是愚昧的想法，根本不可行。

當其他人縱橫沙場的時候，福澤諭吉選擇了一個不同的方式救國：他投入了教育事業。

一八七二年，日本已經進入明治時代，三十九歲的福澤諭吉，在此時出版了一本名為《勸學篇》

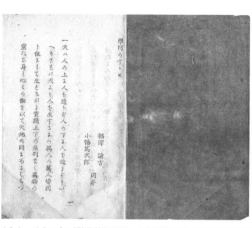

學問のすゝめ

福澤諭吉
小幡篤次郎　同著

一天ハ人の上ニ人を造らず人の下ニ人を造らずとい
へりされバ天より人を生ずるにハ萬人ハ萬人皆同
じ位にして生れながら貴賤上下の差別なく萬物の
靈たる身と心との働を以て天地の間にあるよろづ

一

（左）一八七二年《勸學篇》初版，由福澤諭吉與小幡篤次郎共著。（右）一八六二年在巴黎的福澤諭吉。

的作品，頓時之間在日本蔚為風潮，短短幾年內就賣了數十萬本。他在這本書的開頭寫著：「上天不生人上人，也不生人下人。」意思是這世界上應該人人平等，沒有分別。隨著書的暢銷，這句話也成為轟動一時的名言。

然而，這句話雖然動人，但舉目四望，世界上畢竟沒有一個地方是人人平等的。為什麼會如此？福澤諭吉解釋說，這世界上之所以有富貴貧賤的差異，根本的原因，就在於「學問」。他因此主張：「唯有勤勞學習，成為有學問之人，才有可能成為富貴之人。」

不過，福澤諭吉心目中的「學問」和其他人並不一樣。

在福澤諭吉的時代，社會上當然有許多飽學之士，他們能讀懂艱澀的文章，也能書寫華麗的詩文。但在福澤眼中，這些學問雖然有些用處，終究是不切實際的。

他心目中真正的學問，是能夠回應日常生活所需，解決問題的「實學」，這包括了做生意所需的會計知識、讓人理解世界的地理與歷史，還有解釋天地萬物性質的物理學等等。

當時的日本面臨許多迫切問題。在一個激烈競爭的世界裡，如果不能迎頭趕上其他國家，就可能有被人併吞，甚至淪為殖民地的危機。福澤諭吉與同時代的其他知識份子一樣，為國家的未來感到憂心。他之所以要推廣「實學」，追求務實的態度，就是出於這個原因。

他相信，只要日本全國上下能夠同心協力，一同精進學問，那麼這個國家一定可以擺脫不平等的地位，進而在西方人支配的現代世界裡，獲得獨立自主的地位。

福澤諭吉在書中寫著：「一身之獨立，一國之獨立。」換句話說，要達成國家獨立這個目標，需要從每一個人自身開始做起。

寫作是福澤諭吉最重要的工具，也是他最厲害的武器。不過，想要改變社會，拯救國家，只靠一個人單打獨鬥並不夠。一八六八年，福澤諭吉在東京買了一塊土地，開設了一間學校。那年是慶應四年（也是明治元年，同一年幕府倒臺，明治天皇即位），福澤諭吉就直接借用了年號，將學校取名「慶應義塾」，也就是今天日本的慶應大學。

福澤深信知識的力量。慶應義塾開辦不久，幕府瀕臨瓦解，明治新政府軍攻入東京，在上野和舊政府軍交火。即便戰亂就在不遠處，福澤還是決定照常授課，他對學生說：「只要這間學校存在，日本就是世界上的文明國家之一，你們不用擔心。」

除了辦學校外，福澤也和幾位志同道合的朋友成立了一個社團。成立的時間在明治六年（一八七三年），社團的名字就取叫「明六社」。

慶應義塾大學。

「明六社」的發起人，是位名叫森有禮的國會議員。森有禮曾經擔任日本駐美的使節，思想先進。他和福澤諭吉一樣，堅定地相信日本需要向西方學習，才有可能救亡圖存。他甚至一度鼓吹日本應該直接把英文當成國語。無獨有偶，明六社的另一位成員西周，也主張日本應該廢除假名與漢字，改用羅馬拼音書寫。如此一來，就能讓日本人更快吸收西方知識。

國家所面臨的危機如此深刻，彷彿只有採取這些激烈的、根本的改變，才能夠挽救它於萬一。

明六社成立幾年後，福澤諭吉又出版了另一本書名為《文明論概略》，同樣大為轟動。他在這本書裡講得更明白：「日本應該要以西方文化為目標，擺脫野蠻的狀態，進入文明世界。」福澤諭吉並不認為西洋文

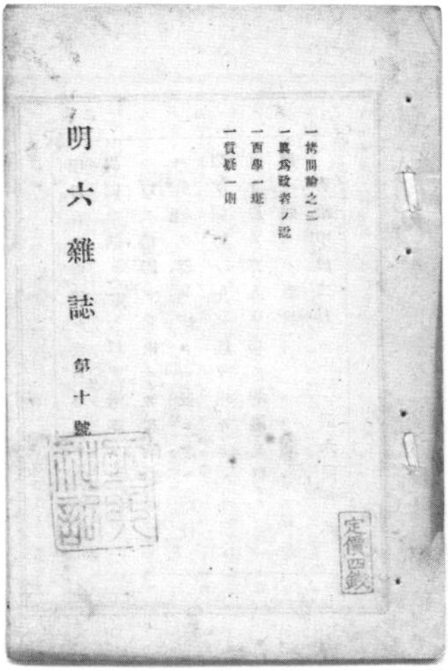

一八七四年，第十號《明六雜誌》。

明完美無缺，只是與其他文明相較之下，確實更為優秀。

在福澤諭吉的心中，文明有如一座階梯，有人爬得比較高，有人則還留在低處。日本必須想盡辦法，爬上這座階梯的顛峰。他對僵化的儒學感到不耐煩，認為它束縛著日本人的心靈。幸好，日本已經漸漸從中獲得解放，反倒是一旁停留在專制體制的中國，還坐困其中。

福澤諭吉的想法，不只吸引著日本年輕一代的心靈，影響力更跨越了國界。當時韓國的一批知識份子，正為自己國家的前途而憂心不已。為了尋求出路，他們特地渡過了大海，來到日本，向福澤諭吉學習。

福澤諭吉對於來訪的學生，總是不吝於提供協助。受過他指導的學生中，有位名叫金玉均的韓國年輕人最有衝勁，也最為積極。

金玉均與福澤諭吉一樣，熱愛自己的國家，卻又對國家前途憂心不已。他認為，日本明治維新的經驗，最值得韓國借鏡和仿效。當時的韓國，就像不久前的日本，面臨西洋勢力進逼，處於重重危機之中。

金玉均在慶應義塾中跟著福澤諭吉學習，經過了一段時間後，學成歸國，準備一展抱負。他在韓國聯合了日本的勢力，打算發動革命，推翻政府。在金玉均看來，這是韓國求生的唯一辦法，就像當年維新志士必須推倒幕府一樣。

只不過，起義的消息很快便走漏出去，接獲消息的朝鮮朝廷，開始大規模逮捕革命分子，讓金玉均不得不匆匆放棄原本的計畫，逃亡海外。這次失敗的行動，不但沒能完成原本的理想，就連金玉均家中的親友，都因此遭到政府追殺。

人在日本的福澤諭吉，在得知金玉均的起義失敗後，感到萬分失望。他以匿名的方式，在報紙上發表了一篇〈脫亞論〉，主張日本應該脫離亞洲。

他的想法很簡單：韓國改革無望，顯然已經無可救藥，而在韓國背後提供支援的中國，也是一樣前途無望。日本身處這兩個鄰國旁邊，只能夠自力救濟，想辦法脫離亞洲，以免被他們拖累下水，葬送未來。

福澤諭吉會這麼說，或許是眼見學生的失敗，心中帶著情緒。但「脫亞論」一說，卻也符合他一路以來的想法：在以西洋世界為頂點的文明階梯上，日本必須努力地、孤獨地往上爬，沒有時間等待其他人。

幾年之後，日本與中國之間爆發甲午戰爭。福澤諭吉對戰爭的進展，一直非常關心。隨著日軍節節勝利，在他創辦的《時事新報》上，出現了為日本叫好的文字。

戰爭結束之後，雙方簽定甲午條約，日本獲得了殖民地臺灣。對於此事，《時事新報》上的社論表示，日本應該把「蒙昧的蠻民」驅逐出境，以便徹底掌握統治的權力。至於反抗日軍的臺灣人，則該予以鎮壓、誅殺，以絕後患。

這些文章是由福澤諭吉親自撰寫的嗎？為何一位宣揚文明的學者，竟然會發表這樣的言論？這些問題後來在在引發歷史學者的討論。

但無論如何，甲午戰爭後的日本，似乎正朝著福澤諭吉當年的理想邁進，變成一個足以在現代世界獨立自主的國家，甚至是一個崛起中的強大帝國。當它攀上了文明階梯的頂峰，無疑能夠睥睨身邊的一切。

只是，對於日本而言，這真的是一個美好的夢想嗎？變成了強大的國家後，一切委屈就能煙消雲散嗎？日本後來的發展會告訴我們，這些問題的答案，比許多人想像的都要更為複雜。歷史的變化與曲折，恐怕就連福澤諭吉這樣具有遠見的思想家，也無法預料。

第十二章

天皇：日本的現代神話

「天皇神聖不能侵犯。」一八八九年頒布的《大日本帝國憲法》這樣寫著。

負責撰寫這部憲法的伊藤博文相信，日本要崛起，必須有一位能夠領導國家前進、受到眾人信仰的領袖。至於在日本，能夠扮演這種角色的人，非天皇莫屬。所以，天皇在日本帝國中的地位必須至高無上，不可懷疑，也不可動搖。伊藤博文將這個想法，寫進了憲法之中，讓天皇的地位，與國家最高的法律體系結合在一起了。

可是，日本歷史上，天皇的形象並非一直都是如此。

就在不久之前的德川時代，天皇不過是沒有實際權力的虛位元首，實權掌握在江戶的幕府手上。到了明治新政府成立之後，天皇才搖身一變，成為國家真正的統治者。只是，拿回權力的天皇，並不見得就會自動地變得如此神聖，如此不可侵犯。

在那個沒有廣播、沒有電視的年代，一般老百姓如何知道國家的領導已經換人，時代已經不同了？對於明治新政府而言，這成了一個必須解決的關鍵問題。更重要的是，該怎麼樣讓民眾不但認識天皇，而且能夠尊敬他、服從他，甚至是崇拜他？

權力需要包裝，天皇也是一樣。

為了讓他們所擁護的明治天皇，能夠成為全民信服的政治領袖，新成立的明治政府，展開了一場大規模的政治宣傳戰。

明治元年，天皇由京都搬遷到東京的過程，就是一個絕佳的宣傳時機，明治政府也把握住了這個時機，開始了宣傳的第一部曲。

當天皇進入東京時，他一個人坐在轎子當中，前前後後則由許多隨從簇擁著，路旁更是擠滿了想要一睹天皇模樣的百姓，塑造了一種萬人擁戴的形象。

政治宣傳的基本原則，是要塑造好人與壞人的對抗。在這一次的劇本裡，德川幕府必須扮演壞人的角色，他們不會治理國家、不懂民心，造成天下大亂，所以非下臺不可。至於天皇，就是以取代德川幕府、解救萬民於苦難之中的形象現身的。

所以，當天皇抵達東京後，官方更加積極地塑造他推行德政的形象。天皇先是提供福利金給需要的民眾，同時大宴天下，讓東京的市民大吃大喝。因為天皇的到來，整座城市沉浸在歡愉的氣氛中。這樣的領袖，怎能不受人愛戴？

當然，天皇必須得到全民擁戴，宣傳也不能只停留在東京一座城市。因此，從明治五年（一八七二年）開始，天皇便出巡全國各地，在他的子民們面前亮相——名之為「巡幸」。

明治五年的第一次出巡，目標是南方的九州；明治九年的第二次出巡，則是往北走，到了北海道；接下來的出巡，則分別到了北陸、東海道、東山道、山形、秋田、山口、廣島、岡山等地，涵蓋範圍非常之廣。

這和過去天皇的作風很不一樣。德川時代的天皇大多只待在京都一地，不像明治天皇的足跡，遍及各地。

明治天皇每次出巡，時間都長達幾十天，而且和當年進入東京的時候一樣，有大批人馬隨行。天皇所到之處，也往往聚集了許多民眾，爭睹出巡的隊伍。

每到一個地方，天皇不僅會與地方官員與重要人物會面，更會發給年長者撫卹金，同時表彰地方上品德卓越的人。這些都是政府額外的開銷，而且是一筆不小的開銷，但是從營造天皇正面形象的角度來看，這算是十分值得的投資。

天皇出巡也成為新聞報導的焦點，有些報紙會透過連載的方式，記錄天皇的一舉一動。這樣的媒體報導，放大了天皇出巡的效應；就算沒有親眼見到天皇的人，透過報紙，也能身歷其境，共同感受天皇的偉大。

伊奘諾尊（右）與伊奘冉尊（左），日本神話中開天闢地的兄妹神祇。

政治領袖受人愛戴、受人追隨，這都是很常見的現象。可是天皇不是一般的政治領袖，他的地位更加崇高，和日本人的信仰——神道結合在一起。

神道是日本的傳統宗教，但跟其他的宗教相比，它沒有嚴格的組織，也沒有像佛經或聖經那樣的經典。在歷史上，它反映著日本人對於自然的崇敬，有時候又跟佛教信仰混雜在一起。

久米邦武。

不過，明治政府上臺後，立刻頒布官方命令，要把神道跟佛教清清楚楚地分別開來：神道是國家的信仰，佛教不是。

在國家所支持的神道中，天皇有著最高的地位。根據官方的版本，他是「天照大神」的後代，而天照大神是由開天闢地、創造世界的天神「伊奘諾尊」所生下的。換句話說，天皇跟一般人不一樣，他是帶有神性的。

為了加強神道做為官方信仰的地位，明治政府甚至推行消滅佛教的運動，避免它和神道競爭。在這股風潮中，許多佛寺被燒壞、搗毀，許多僧侶也被迫還俗。至於基督教，同樣因為跟神道信仰有所衝突，遭到官方的取締和管制。

但這樣還不夠，明治政府又強調，神道和其他的宗教不一樣，因為它不是「宗教」，不是個人可以選擇信或不信；它是屬於國家的「信仰」，是全民都需要參與的義務，沒有人能夠置身事外。

信仰不能停留在理論或文字的層面，而是必須深入老百姓的日常生活當中。為了達成這一點，明治政府上臺之後，又訂定了一系列新的紀念日。

其中最重要的日子，莫過於明治天皇的誕辰（十一月三日），這一天被命名為「天長節」，借用「天長地久」的意思。每到這一天，全日本上下必須熱烈慶祝，而全國的日本人也會被提醒一次：這是一個屬於天皇的國家。

一八七四年十一月二日，日本知名的《讀賣新聞》創刊，正好在天長節的前一天。《讀賣新聞》發刊號，因此特別為讀者介紹了天長節的由來。政治領袖打造形象，媒體總是扮演著重要的角色。

除此之外，明治政府還訂立了另一個名為「紀元節」的節日，選在二月十一日，用來紀念傳說中第一任天皇——神武天皇的即位。根據官方說法，神武天皇也是天照大神的後代，他在西元前六六〇年建立了政權，成為日本歷史上的第一位天皇。

每到這一天，日本放假一天，天皇會在宮殿中舉拜盛大儀式，遙拜創造了日本國的神武天皇。民眾當然也不能忘記，必須一同歡慶。後來，官方甚至為紀元節量身訂做了一首歌曲，讓全國的小學生都能以唱歌的方式，一同參與紀念的儀式。從小開始，日本人便深深地沉浸在神道信仰的洗禮中。

神武天皇與天照大神一樣，都是屬於神話傳說中的人物。可是在這個

明治天皇「御真影」。

神話中從天岩戶現身的天照大神。

時代，為了創造天皇的神聖性，他們的存在是不可質疑的，任何有意見的人，都可能被指責是對天皇不敬。

有位名叫久米邦武的歷史學者，對神道的由來特別有興趣。他在一八九一年發表了一篇文章，就事論事，考察了神道的歷史。他在文章中主張，神道最早的起源，只是傳統日本人對於自然的崇拜。

沒想到，這番言論卻引起許多愛國人士的批評，認為他貶低神道，對天皇、對整個國家，都是無禮。在眾人圍剿下，久米邦武甚至不得不辭去他在東京帝國大學的教職。

維持天皇崇拜無比重要，因為它在很多地方都能發揮作用，比如軍事訓練。

明治十一年（一八七八年），日本發生一起士兵叛亂事件，為了避免類似的事件再次發生，日本官方便頒布名為「軍人訓誡」的公告，鼓吹軍人應該「忠實、勇敢、服從」，嚴格遵守軍紀。更重要的是，要絕對尊崇天皇。

四年之後，日本政府又頒布另一個「軍人敕

諭」，敕諭就是天皇的命令。這個時機點，正好是自由民權運動進行得如火如荼之際，日本官方擔心反政府的思想在軍中蔓延，因而必須做出因應，確認軍隊的穩定。

軍人敕諭內容和軍人訓誡稍有不同，但大致精神是一樣的。這份天皇的命令，要求軍人追求忠誠、禮儀、武勇、信義、簡樸等目標，並且明白表示：天皇擁有軍隊統率權，軍隊直屬於天皇。

透過軍隊中的訓練，這樣的思想日復一日地灌輸在日本軍人腦中，逐漸內化，最終成為了不可動搖的信念。

軍人敕諭公布的同一年，日本政府還向公立學校發放天皇與皇后的照片——名為「御真影」——同時要求學校在國定的節日，率領學生向照片敬禮。

隨著政府的推行，天皇的肖像照慢慢普及在各級的學校中，漸漸地變得好像無所不在，人人都籠罩在天皇的視線之下，無可遁逃。

一八九〇年，日本政府更進一步地頒布了所謂的「教育敕語」。教育敕語的功能，與軍人敕諭有些類似，不過這一次是出現在教育體系中。

教育敕語用古典的日文寫成，對沒有受過訓練的人而言，並不見得能夠一字一句地理解。但正是因為它的內容艱澀，在日本的學校裡，老師會反覆地向學生解說其中的意義，透過這種方式，將敕語要傳達的訊息，一遍又一遍地告訴學生。

教育敕語說，人們應該孝順父母、友愛兄弟、信任朋友等等。表面上看來，是一些很普通的道德教化內容。不過，教育敕語的核心觀念，其實是把日本當成一個大家庭，而天皇就是握有權力的父親，全國人民則是他的兒女；百姓要效忠天皇，就好像兒女要孝順父母，是理所當然的。

透過這種信仰的推行，日本創造了一個以天皇為頂點的家庭，它讓人民在天皇面前變得忠誠，變得順從，也讓人民變得容易團結、容易動員。只要有來自天皇的命令，全國上下就要朝著一個目標前進。

教育敕語的思想，後來推行到了日本帝國的殖民地，包括朝鮮與臺灣。換句話說，殖民地的人民，也被吸收進了天皇制的大家庭中，如果有需要，他們同樣需要為天皇出生入死。雖然，大多數時候，他們只不過是這個大家庭中次等的成員。

和世界上其他的國家一樣，日本在進入現代世界的過程中，創造出了許多神話。天皇崇拜就是其中之一，而且是力量最為強大、影響力也最為深遠的一則神話。一直到今天，它依然以不同的面貌，活躍在日本社會的各個角落。

除了天皇崇拜外，還有另外一則神話在日本現代歷史上影響深遠，那就是：日本是個單一民族的國家。不論在日本國內還是國外，都有很多人相信，日本人很特別，和其他人種不同，但他們內部擁有相同的血緣、相同的語言、相同的文化，而所有這塊土地上的居民，都是「大和民族」，都是日本人。

不過，真的是如此嗎？

第十三章

北海道：遼闊大地的哀愁

打開任何一張現代的日本地圖，你會在這個國家的最北端，發現一塊名為北海道的廣大土地。北海道的面積佔了日本國土的五分之一，相當於臺灣的二點三倍大。它供應日本國內大量的農產品，擁有許多著名的觀光景點，還曾經主辦過冬季奧運會。

但是，如果把時間倒回二百年前的江戶時代，當時大多數日本人，對於這塊北方大地，其實相當陌生。德川政府的勢力，只及於北海道最南端的一小塊區域，剩下的部分，只是化外之民所居住的化外之地。那時北海道也不叫北海道，而是被稱為「蝦夷地」。

探險家最上德內。

十八世紀末，有位名叫最上德內的日本探險家，來到了這塊陌生的土地。他學會當地原住民的語言，同時蒐集大量的情報。回到江戶之後，他向德川幕府建言：北海道有重要的戰略地位，一定要積極地經營。

當時德川幕府已經注意到，北方的俄羅斯蠢蠢欲動，似乎對北海道心懷不軌，所以採納了最上德內的建言，加強戒備。明治政府上臺之後，也採取相同的政策，密切注意俄羅斯的動向。不過，他們的做法更進一步，直接把蝦夷地變成國土的一部分，並且將它命名為「北海道」。

這個新的政策，不僅改變了北海道的地位，也改變了這塊土地上所有居民的命運。

明治政府成立之後一年，北海道開設了「開拓使」的職位，顧名思義，這是負責北海道開拓事業的機構。為了開墾計畫，日本政府投入大量經費，充實北海道的基礎建設，希望能吸引人民投入。但一開始，願意主動移居到北海道的人數非常少，大家都知道，這裡太遠、又太冷了。

為了改善人力短缺的問題，日本政府嘗試過各種不同的手段，包括設立妓女戶，引進中國的農民，並且推行所謂的「屯田兵制度」，招募武士前來。這些武士在進入明治時代後，喪失了原本的特權和國家的俸養，只好遠赴北海道工作，夏天當農民，冬天當士兵。

北海道地處偏遠，冬季天寒地凍，罪犯一旦被流放至此，就算越獄也無處可逃。因此，明治初期，全國的六所監獄，就有三所是蓋在北海道，最偏僻的一座蓋在北海道邊緣的網走市，彷彿就是位於世界盡頭。

為了加速北海道的開墾，明治政府動員了一千多名囚犯，協助鋪設道路。在當時的政府眼中，囚犯沒有人權，可以盡情壓榨。犯人身上帶著腳鐐手銬，還必須忍受惡劣環境，長時間勞動。而負責監督的官員，只顧著趕工，完全不顧犯人的健康與尊嚴，結果在施工的過程中，有很多人承受不住，因體力不支而死去。

其實，這些囚犯中並非全都是窮凶惡極、殺人放火的惡棍。相反地，他們是因為曾經對抗政府，鋃鐺入獄；還有些人是當年自由民權運動的成員，換句話說，就是思想犯、政治犯，但卻受到官方慘無人道地對待。在北海道的開發史上，他們是被迫犧牲的無名英雄。

等到基礎建設逐漸完備之後，漸漸才有些大商人發現，在北海道投資似乎有利可圖，他們開始投入資金，經營農場與其他產業。北海道一直到今天都很著名的啤酒業，就是靠著民間的投資發展起來。

對於民間投資，政府的態度也很正面，甚至將官方的財產與土地，轉售給私人業者。這樣一來，既可以促進民間產業的發展，又可以減少公家的管理費用，何樂而不為。

在開拓使設立的同時，明治政府也開始在北海道建設一座新的城市：札幌。

札幌是座沒有歷史、沒有身世的城市。它是由人工打造出來的計畫都市。在這一點上，札幌和同為計畫都市的京都，倒是有些類似之處。只不過一千多年前，日本在建設京都之時，取經的對象是中國，如今則換成了美國，見證了時代的變遷。

一八七三～七九年的開拓使本廳舍（復元）。

除了都市之外，北海道整體的規劃，都深受美國影響。當時，明治政府從美國聘請了一批顧問，雙方簽約四年，顧問必須協助日本引入西方的知識與技術。在這些顧問中，最有名的一位，是曾經擔任美國麻州農業大學校長的克拉克博士（William S. Clark）。

克拉克博士專長於植物學，一八七六年，他在日本政府的邀請下來到北海道，相當喜愛這個地方；對他來說，北海道有點像自己的故鄉——美國東北部的新英格蘭地區，但氣候更加宜人。

威廉·史密斯·克拉克博士的名言：「年輕人，要胸懷大志！」（Boys, be ambitious！）

克拉克博士在日本前後不過停留了八個月，卻在異國留下了重要的印記。他擔任札幌農業學校（後來的北海道大學）的總教頭，並且親自開班授課，以全英語教學。他在麻州農業大學的生活原本並不順遂，卻在北海道如魚得水，找到了新天地。當時美國人認為麻州要走向工業化，對於農業大學並不重視；急於改造北海道的日本人，卻是熱情地擁抱克拉克，大幅採納他的政策建言。克拉克的教育理念，也在地球的另一端實現。

一八七七年的四月十六日，克拉克博士準備離開北海道那天，他對著來送行的學生們說：「年輕人，要胸懷大志！」（Boys, be ambitious!）成為一句在日本家喻戶曉的名言。

在明治政府與外國顧問的合作之下，北海道很快地成為了日本的糧食基地，以出產小麥、馬鈴薯和各種乳製品而知名。

可是，隨著經濟開發、人口增加，北海道自然環境也受到劇烈衝擊，許多原本棲息於此的動物，生活條件也逐漸惡化。北海道的狼群，就因為被認為有礙開拓事業，而遭到大量捕殺。一名美國顧問鄧恩（Edward Dunn），更提出了以藥物毒殺狼群的建議。不幸的是，這個方法非常有效，到了一八九六年，北海道的狼群幾乎已經完全滅絕了。

受到現代化變遷影響的，不只是北海道的動物們，還有長期居住於這塊北方大地的原住民：阿伊努人。

在明治政府把勢力延伸到北海道之前，阿伊努人一直是這裡的主人。他們世世代代在此地生活，擁有獨特的語言、獨特的藝術、獨特的文化與習俗，他們相信萬物有靈，必須與自然和諧共處。

從前的阿伊努人，以漁獵與採集為生，不受日本政府管轄，但在德川時代和日本人有

阿伊努民族。

密切貿易關係。阿伊努人長得濃眉大眼，和一般印象中的日本人不太一樣，反倒是和歐洲人有點像。在許多繪畫中，阿伊努的男性通常留有一臉大鬍子，和一般的日本男性也不相同，不會被混淆。

只是，當北海道變成日本領土一部分之後，阿伊努人卻別無選擇，被迫成為了所謂的「日本人」。

按照當時的法律，日本已經不存在身分制度；也就是說，不管出身貴賤，也不管職業種族，所有日本國民都一律平等。變成日本人的阿伊努人，也應該和其他人一樣，享受同等的權利，能夠平起平坐。

但這只是理想，現實完全是另外一回事。

在明治政府高舉的「文明開化」旗幟之下，阿伊努人不是被迫放棄原有的生活方式，就是被視為落後的民族。

一八九九年，日本公布了一條「舊土

一九〇三年，大阪博覽會會場正門。

人保護法」，「舊土人」指的就是阿伊努人。這條法律的制定，是借鏡當時美國對待印第安人的做法，也就是要原住民放棄原有的生活方式，融入美國主流社會。換句話說，「舊土人保護法」雖然名為保護，實際上卻是加重對於阿伊努人傳統文化的破壞。

比如，阿伊努人原本以狩獵為生，保護法卻要求他們和其他日本人一樣，加入農業生產。為了鼓勵他們轉換跑道，日本政府甚至提供免費的土地，讓他們耕種，並且提供種子和耕作用的道具。

乍聽之下，這似乎是很好的條件，但是，有許多阿伊努人根本無法適應農民生活。根據一九二二年的統計，轉而務農的阿伊努人，還不到百分之二十。至於剩下的人，沒有成為農民，卻也無法回到過去自由狩獵的日子，面臨進退兩難的困境，結果陷入了貧困的窘境。

除了鼓勵農耕外，開拓使也在北海道

建設阿伊努人使用的教育機構，這些機構被稱為「土人學校」。土人學校專屬於阿伊努人，看似立意良善，卻反倒在阿伊努人與一般日本人之間，劃出了一條界線：日本人是日本人，阿伊努人則是「土人」。

年輕的阿伊努人進入學校後，開始學習日本文化、現代文明，同時還被灌輸天皇崇拜的信仰。他們被迫遺忘自己的傳統，甚至放棄自己的母語，放棄用母語取的名字。看似文明的教育政策，卻也扼殺了阿伊努文化的傳承。

然而，即便阿伊努人被迫與自身文化漸行漸遠，他們仍然無法獲得平等的待遇，更無法獲得應有的尊嚴。

一九〇三年，大阪舉辦了一場博覽會，來自北海道的阿伊努人被當成展示品，在會場中供人觀賞；同一個展場內，被當作展示品的，還有朝鮮人、沖繩人、中國人，以及臺灣原住民。博覽會開幕之後，引發了軒然大波，各方抗議聲浪紛紛湧入；然而，歧視的思想根植在主辦者的心中，不是抗議就能輕易改變的。

一年之後，美國聖路易舉辦另一場國際博覽會，日本也受邀參加。在會場當中，阿伊努人又一次被當成了展示品，和北美的印第安人放在一起。

一群人的文化傳統，卻被迫成為另一群人眼中用來觀賞和娛樂的奇風異俗。這是許多日本人崇尚的現代文明，但它對待不同族群所展現出的歧視態度，有時看起來，竟是如此殘忍而又暴力。

第十四章

琉球：消失的王國

一八六八年成立的明治新政府，除了把北海道變為國土，還把眼光投向了南方的另一個國家：琉球王國。

琉球位於臺灣與日本的九州中間，在明治政府成立以前，它已經以獨立的姿態，昂然存在了幾百年。這是一個弱小的王國，飽受外在支配和干擾，而且必須同時向日本和中國進貢，以換取自身的和平與安寧。

雖然國力不強，但琉球王國靠著海洋貿易，維持了經濟的發展，同時發展出了獨特而豐富的文化。與日本不同，琉球不是一個以武士為主的社會，反倒比較接近中國，崇尚儒家文化，讀書人在社會上享有崇高地位。琉球王國也透過科舉制度，來挑選優秀的官員。

這樣一個小王國，長期以來，跟身旁的兩個大國相安無事。可是，隨著歐洲的強權進入亞洲，也隨著日本選擇擁抱西方文化，致力於富國強兵之道，琉球的命運在十九世紀下半葉，產生了翻天覆地的變化。

這個巨大的改變，還與臺灣有直接的關係。

一八七一年，日本明治新政府成立後四年，兩艘從琉球出發的船隻，因為遇到暴風雨，漂流到了臺灣南部海岸邊。船上的六十幾名乘客倉皇逃到岸上，他們先是遇到了住在當地牡丹社的排灣族人，透過比手畫腳，獲得了得以充飢的食物。

只是，語言不通的雙方很快就產生了誤會，結果竟演變成了嚴重的衝突，最後船上的五十多名乘客遭到原住民殺害，只剩下十幾名逃出。

這原本只是一起偶發事件，在歷史上不是沒有前例，結果大多是不了了之，但這次的衝突，卻引發了截然不同的結果。

之所以如此，是因為日本政府採取了與過去不一樣的態度。這一次，他們不再袖手旁觀，而是選擇向清朝政府追究責任。這個舉動有著重大意義，它意味著琉球是歸日本保護，做為老大哥的日本必須代為出頭。

但弔詭的是，琉球從未要求日本出面。換句話說，是日本自己選擇了保護者的角色，把自己視為琉球的頂頭上司。

琉球開往中國的進貢船隻。

讓事情變得更複雜的，是清朝的回應。面對日本的責難，清朝的官員卻宣稱：「這些原住民不屬於清朝管轄範圍，如果日本要追究責任，就自己想辦法吧。」

這個說法並非只是推卸責任，反倒是反映了清朝對臺灣這塊島嶼的認知。當時的臺灣雖然號稱在清朝的版圖之中，但實際上，官方的管轄範圍並沒有遍及全島，控制也很鬆散。

日本接到了清廷的回應之後，果然出兵臺灣，打算向原住民討個公道。清朝政府一看情勢不對，認為這個舉動等於是向自己宣戰，因此連忙出手介入，要求日本撤兵。

已經大軍壓境的日本，抓著這個機會，和清朝展開談判。談判一開始，雙方你來我往，卻毫無共識，後來終於在一位英國使節的協調下，簽下和談的條約。按照條約，日本願意撤軍，但是清朝要為臺灣原住民的行為負責，提供難民撫卹金，而且不得向日本追究戰爭的責任。最重要的是，清朝要承認日本這次出兵是「保民義舉」；換句話說，承認琉球確實是受到日本保護的。

對此，清朝官員點頭簽字。

接著，日本又要求琉球停止與清朝的外交往來，切斷雙方的關係，如此一來，日本等於獨佔了琉球。琉球原本不願意乖乖聽話，還向日本表示抗議，只是抗議無效。

日本掌控了琉球的外交權，但這還不是他們想要的最終結果。

一八七九年，日本更進一步把琉球改成了「沖繩縣」，也就是將它正式變為日本國土的一部分。同時，琉球的國王尚泰被強行帶到了東京，並且被封為侯爵，表面上受到了禮遇，實際上則是拔除他所有的權力。就這樣，日本併吞了琉球，尚泰淪為亡國之君。

國家滅亡的消息，讓琉球王國的讀書人完全無法接受，他們想盡辦法，期盼能夠阻止這樣的結局。他們將希望寄託在大海另一端的清朝，放眼望去，似乎只有它們能夠拯救琉球。

琉球的讀書人因此帶著陳情書，風塵僕僕地前往北京，希望能夠獲得協助。為了引起清廷的注意，他們想盡辦法，用盡手段，甚至展開絕食，最後才終於獲得回應。

清廷派人向日本展開交涉，並且提出了一個方案：把原本的琉球王國分成三個部分，一

琉球風情。

個歸日本，一個歸中國，剩下的一個則交還給琉球王國。日方則說，不如就分成兩塊，一邊給日本，另一邊給琉球，但琉球可以繼續歸屬中國。

清朝的官員想一想，覺得也無不可，準備點頭答應，但琉球人卻難以接受。他們說，日本的方案對琉球的未來毫無幫助，跟亡國沒有差別。為了阻止談判繼續，一位名叫林世功的琉球讀書人，甚至選擇了在北京自殺抗議。結果，這場談判就在沒有共識的情況下畫下句點。之後，清朝面臨一波波外來勢力的挑戰，自顧已經不暇，也沒有多餘的力氣再去關心琉球事務。

少了清朝的奧援，琉球的讀書人只能自力救濟，亡國的事實似乎已經無法改變，他們只好在接受日本統治的前提下，盡可能地爭取權利，等待反抗的機會。

日本很清楚知道琉球境內的反抗力量，為了安撫他們，這個由外而來的統治者，選擇了「舊慣溫存」的策略。所謂的「舊慣溫存」，就是保留琉球王國境內原本的制度，不做積極的改變。這樣一來，在舊時代掌握權力的人，在新時代仍然能保有自身的利益，不至於有太大的不滿，也就不會積極地反抗。事後證明，這種拉攏既得利益者的策略，確實十分有效。

不過，在新的「沖繩縣」中，還是有些人民心中隱隱抱持著期望，盼望有一天能夠復國。一八九四年，中國與日本之間爆發甲午戰爭，一度讓一些人以為機會來了，他們期待著琉球能夠乘機脫離日本。當然，這個願望最後仍舊落空，中國不但在這場戰爭中落敗，還割讓了臺灣，也讓琉球人想要復國的最後一絲希望破滅。

對另一些琉球人來說，復不復國倒不是最重要的問題，如果生活沒有變化，那麼統治者是琉球貴族還是日本官員，其實差別不大。換句話說，平民小百姓關心的還是柴米油鹽醬醋茶，日常生活所需。明治政府採取「舊慣溫存」的政策，固然可以拉攏既得利益者，但也等於是讓原本在社會上掌權者繼續掌權，享受既得利益者繼續享受利益，而原本被壓榨的人繼續被壓榨。

在這種情況下，琉球的農民選擇站出來爭取自己的權益。他們希望政府能夠改弦易轍，減輕一般民眾生活的負擔，讓他們脫離辛苦的生活。

為了讓自己的聲音被聽見，他們不但向琉球的地方政府陳情，還遠赴帝都東京，找上了中央的官員與議員，甚至發動媒體戰，讓訴求登上了全國性的報紙版面。在日本十分具有份量的《讀賣新聞》，就特別報導了琉球農民的「慘狀」。這些舉動，果然促使琉球政府開始考慮新的政策方針。

在這些參與運動的人當中，表現最出色的，是一位叫做謝花昇的年輕人（姓「謝花」，單名「昇」）。謝花昇出生在一個農民家庭中，沒有顯赫的背景，對於農民的困境特別清楚。長大之後，他離開了家鄉，到東京讀書，成為第一個獲得大學學位的琉球人，回到家鄉以後，他一方面在政府部門工作，一方面積極撰寫文章，到處為農民奔走請願。

謝花昇不但致力於改善琉球的經濟，更希望爭取政治上的權益。他和朋友們組成了「沖繩俱樂部」，並且發行《沖繩時論》，說是要為民眾排除「奸邪」，擔任進步主義的先鋒。

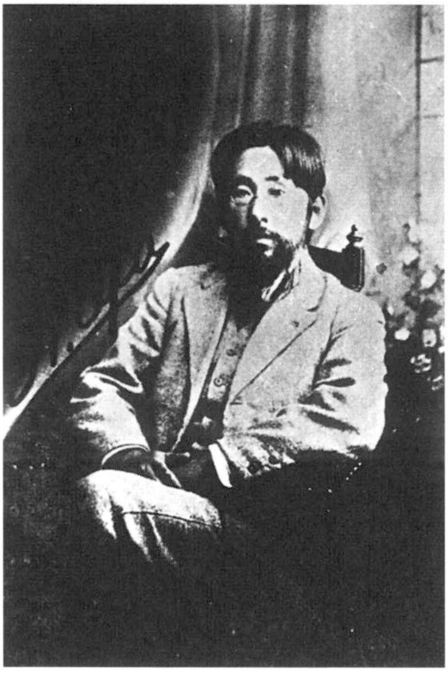

（上）謝花昇。（下）伊波普猷。

謝花昇更呼籲政府當局，讓琉球人能夠選舉自己的議員，同時也走進農村，啟蒙年輕一輩的農民，希望他們能站出來，為自己爭取權益。

但當時主政沖繩的官員，卻展現出了鐵腕作風，對於謝花昇等人的說法毫不理睬，甚至解散了沖繩俱樂部，要他們噤聲、服從。

與政府對抗的過程中，謝花昇承受了極大的精神壓力，因而在一次旅途中突然崩潰，接著便一直臥病在床，無法工作，只能靠著太太娘家的接濟過活，年僅四十四歲便告別人世。

謝花昇雖然壯志未酬，但他的所作所為卻啟發了年輕一輩的琉球人。他們前仆後繼地投入相同的理想，為了爭取琉球的自由與權利而奮鬥。

為了擴大自己的力量，琉球的年輕人們積極地與日本本地的知識分子聯繫，希望能獲得他們的聲援。一九一一年，一位任教於京都帝國大學、才三十二歲的年輕教授河上肇，就被邀請到沖繩發表演講。

河上肇是個充滿理想、關懷弱勢的學者，後來還曾經把馬克思的巨作《資本論》一書翻譯為日文。在這場演講中，他要聽眾們不要被政府的宣傳所迷惑，不要「忠君愛國」，不要擁抱帝國，而是要找回屬於沖繩，屬於琉球的精神。

河上肇的演講內容，引來沖繩當地報紙的批評，他們說，河上肇不應該鼓吹反對國家的思想。可是有許多聽眾，在聽了河上肇的演講後，大受鼓舞，他們開始著手調查故鄉的服裝、風俗、語言、藝術和生活習慣，更仔細地研究沖繩，認真地思考什麼是「琉球文化」。

透過這種方式，沖繩居民逐漸找到了屬於自己的身分認同——一個不同於「日本人」的身分認同。

一位年輕的學者伊波普猷，也是在差不多時間一頭栽進了沖繩研究。他天資聰明又格外勤奮，在學術研究上得到了極大的成就，後來曾擔任沖繩縣立圖書館館長，更被譽為「沖繩學之父」。

看著沖繩居民對於自身文化的熱切探尋，他說，琉球王國雖然滅亡了，但琉球民族卻在日本帝國內復活重生。

第十五章

鐵路：血與汗的建設之路

一八七二年十月十四日的上午，東京的新橋一帶擠滿了人潮，現場瀰漫著興奮和緊張的氣氛。這一天是日本第一條鐵路線通車的日子。

在這天以前，除了少數留過洋的人之外，親眼見過火車運行的人非常地少，了解這個巨大機械如何運作的，當然就更少了。

通車典禮上，明治天皇親自到場，搭上第一班火車。這是場極為隆重而盛大的典禮，現場安排了樂隊演奏，並由軍隊施放禮炮，慶祝通車，在熱熱鬧鬧的氣氛中，這班火車從新橋轟隆轟隆出發，一路開往了橫濱。

下午一點，火車抵達終點站，當地有另一場慶祝儀式迎接它的到來。根據當時報紙的記載，當蒸氣火車抵達目的地的時候，有觀眾覺得它頭上不停冒汗，一定熱壞了，連忙往它身上倒水。其他人則爭相搶奪天皇使用過的椅子、踩過的地毯，想要帶回家當作紀念。

火車是現代日本最重要的符號，它代表了科技文明，象徵著時代的進步。

不過，在火車剛剛登陸日本的時候，許多人對它卻是抱持著懷疑，甚至充滿了恐懼。

當日本決定建設鐵路的時候，不少人就表達了反對的態度。他們說，日文中「鉄道」的「鉄」，是一個金字旁加上一個失去的失；換句話說，鐵道不過是讓國家失去金錢的一條道路，純屬浪費而已。

有些人則從國防的角度出發，他們認為鐵路一旦建成，外國人會在日本國內到處流竄，到時候問題可就大了。還有一些人說，日本現有的交通設施已經足夠，並不急著需要這個外國人的玩意兒。

的確，當時日本的水運四通八達；相較起來，鐵路不但價格昂貴，還必須克服許多技術上的困難，是個不小的挑戰。

儘管面對著反對聲浪，明治政府最後還是選擇投入資金，打造日本的鐵道網。這成為了一個影響深遠的決定。

在營運的初期，鐵路對於日本的經濟發展，很難說有著顯著的影響。但隨著鐵路路線的擴張，陸運漸漸地取代了船運。在工業化中具有關鍵地位的煤礦，以及其他原料和產品的運送，也都非常倚重鐵路運輸，鐵道的重要性因而日漸提升。

鐵路路線的選擇，也決定了區域發展的格局，鐵道沿線上的城市，經濟隨之發展。當時有些居民，反對鐵路通過自己的城鎮。他們認為，鐵路會迅速地帶走遊客，沒有人願意留下來，但他們沒想到，一旦鐵路不經過這些城鎮，願意造訪的遊客就更少了。

日本的鐵路路線從十九世紀末開始快速擴展，到了二十世紀初期，已經遍布全國各地，從日本最南端的鹿兒島到最北端的札幌、旭川，都可以見到鐵道的軌跡。

起初很多日本人對於搭乘火車這件事，都抱有一些疑慮。這並非只是日本人如此，事實上，火車剛剛問世的時候，有許多歐洲人也相信：火車速度太快了，已經接近人體極限，只要再快一點，乘客的身體就會爆炸。

這種恐懼或許有點誇大，但鐵道剛剛誕生的時候，確實曾出現過許多意外事故。就算

（左）一八七二年的新橋景色，右後方為車站與鐵道。（右）一八八五年的上野車站。

不論事故的問題，以今天的標準來看，十九世紀的火車也算不上舒適。不少第一次搭上火車的人，都受不了一路的搖搖晃晃，所以在鐵路開通不久，日本就出現了名為「寶丹」的止暈藥，專門賣給火車乘客。

不過，日本人對火車接受的速度很快。沒過多久，鐵路旅行就成為新的時尚，鐵路沿線上出現各種新型的旅館，國營和民營的鐵路公司也開始爭相刊登廣告，招攬顧客。日本的鐵路公司很快就開始獲利，而且一路成長。後來到了一九二〇年代，日本還出現了名為《旅》的雜誌，專門以鐵道旅行為報導主題，讓搭乘火車出遊蔚為風潮。

早年日本的火車車廂分成三個等級，收費各不相同。越貴的車廂當然設備越高級，也只有上流人士能夠使用，最高級車廂甚至還會有專人服務，並提供飲食。不過，最受歡迎的還是第三等車廂，那是多數人負擔得起的價格。

鐵路旅行雖然很快流行起來，但是搭乘火車的禮儀，卻還需要時間學習。當時火車車廂之內的景象，和今天大不相同，有人會公然換衣服，有人餵乳，有老人刷假牙，還有些人會把行李放在隔壁座位之上，買一張票卻佔據兩個位子……日本報紙上頭，不時會出現對於這些行為的報導與批評，顯示各種光怪陸離的現象層出不窮。

火車乘客需要學習的，還有守時的觀念。火車不等人，只要遲到一分鐘，乘客就只能望車興嘆。在經營初期，日本鐵道仍然經常誤點，但進入二十世紀後，日本鐵路公司隨著經驗的累積，技術不斷進步，便開始強調營運的精準。

這跟過去的時代很不一樣。以江戶時代來說，計算時間的方法大約是以三十分鐘為一個單位，可是在鐵路時代，單位卻迅速縮短為一分鐘。因此，鐵路不僅帶來一種新的時間意識，也賦予了日本人一種全新的生活紀律。

鐵道擴張的時代，恰好也是日本產業革命的時代。在火車之外，明治新政府同時也引進許多現代機械設備，並在各地設立大型工廠。現代工業以及新的生產方式，都在此時出現，工業逐漸取代了農業，成為經濟發展的重心。

在各種新產業中，紡織業的發展最為迅速。位於大阪的紡織工廠，更是規模龐大，在日本首屈一指。日本生產的紡織品價格低廉，很快就在國際市場中佔到一席之地。只是，這樣的成就，卻也是靠這一部分人犧牲而來。

為了壓低生產成本，日本紡織業的老闆聘用了許多年輕的女工，她們很多還不滿二十歲，但是為了生活，為了工作，因而遠離家鄉，住進工廠提供的宿舍中。操作紡織機不需要太多知識，只需要動作熟練即可，所以年輕女性也能勝任。當時的紡織工廠裡頭，七、八成都是女性。要說女人撐起了日本紡織業的一片天，應該並不為過。

紡織業雖然創造了許多女性的工作機會，但女工的生活並不輕鬆，她們一天必須工作十二個鐘頭，而且早晚輪班，以確保工廠一天二十四小時都能順利運轉。即便如此，女工領到的薪水卻相當微薄，和當時的印度紡織業相比，日本的平均工資大約只有一半，可見數字之低。

不只薪水低，女工還可能受到管理者的咒罵與毆打，甚至是更加嚴厲的懲罰。有些女工受不了折磨，不顧已經和工廠簽下契約，乾脆直接逃跑。由於工作環境實在惡劣，這種事情一而再再而三地發生，但工廠老闆的反應，不是改變作風或提高薪資，而是更嚴格地管控女工。日本紡織業的起飛，就是建立在這種殘酷的現實之上。

當年輕女性加入紡織業的同時，很多日本男性則成為了礦場的工人。不管是工業生產，抑或是火車運行，都需要大量煤炭做為燃料。煤礦業因此和紡織業一樣，從十九世紀末起飛快地成長，成為日本現代產業的代表。

不過，與紡織工廠相比，礦場工作環境的惡劣程度，只是有過之而無不及。礦工與紡織女工一樣，工時漫長、薪水微薄，飽受壓榨。此外，礦場充滿風險，時常發生意外事故。日本的老闆只顧賺錢，並不在乎勞工的生命安全，很多礦工是在缺乏防護的情況下，冒著生命危險工作。

明治政府知道這種狀況，一度打算制定工廠法，保障勞工權益，可是消息才剛宣布，資本家就跳出來抗議。他們宣稱，這樣的法律只會妨礙日本經濟發展，有百害而無一利。在他們反對下，整件事因而無疾而終。

政府無法提供保護，礦工只能自求多福，自力救濟。有時工作現場的情況實在太過惡劣，礦工們會集體暴動，以宣洩被壓榨的不滿。有些人則主張應該要成立工會，團結力量，以便與管理階層談判，爭取更好的工作環境。只是，當時工會的觀念並不普遍，工人們對於如何組織、如何抗爭，經驗都還不夠，所以工會能夠發揮的作用相當有限。

礦業不只危險，還會造成環境污染。十九世紀末，日本栃木縣的足尾銅山，就曾爆發嚴重的公害事件。當地的礦業工廠，對環境保護十分掉以輕心，結果，製造過程產生的有毒廢料，在未加處理的情況下，流入了附近河川當中，造成魚群大量死亡，周遭農作物也受到污染。

當地的居民見狀，向礦業公司提出抗議，並且到東京發起陳情活動。有媒體記者注意到這件事，在全國性報紙上加以報導，引起了更多人的關注。一位叫田中正造的議員就針對此事，對官員提出質疑，他在國會中發表慷慨激昂的演說，強調「殺害國民就是殺害國家，蔑視法律就是蔑視國家。」

田中正造。

為了這件事，田中正造四處奔走，協助受害的居民尋求賠償，並追究礦業公司的責任。過程中，他們曾經碰到不少反彈的力量，抗爭活動也受到警方阻撓。可是田中正造沒有輕易放棄，他說：「真正的文明，是不會讓山川荒蕪，不會破壞村莊，更不會殺人。」

產業革命創造出了一批富可敵國的商人，他們靠著販賣紡織品、經營礦產，以及多方投資，賺進了大把大把的鈔票。日本的幾家大公司，比

京釜鐵路起工儀式。

如三井、三菱，都是在這段時間奠定了後來企業版圖的基礎。

不過，就在他們累積驚人財富的同時，有許多年輕的男男女女在工廠裡、在礦坑中默默付出。他們的名字，很少被記下；他們的貢獻，也很容易被後人遺忘。現代產業的發展，究竟是好事是壞事，如果從他們的角度來看，答案也許不是那麼黑白分明。

同樣的弔詭也發生在鐵路的歷史中。對日本人而言，鐵路是現代化的象徵，一直到今天，像是新幹線這樣的鐵路建設，仍然是日本全國人民的驕傲，從英國的伊莉莎白女王到中國的前總理鄧小平，每個造訪日本的外國要人，都被邀請搭乘新幹線。鐵路的歷史，是日本一頁光榮的歷史。

可是，對於鄰近的韓國而言，鐵路卻有著完全相反的意義——它代表的是血淚和傷痕。從一九〇二年開始，日本就強行在朝鮮半島鋪設京釜鐵路等路線，這些鐵路，從朝鮮半島一直連通到中國東北的滿洲，成為了日本運送軍事物資的要道。在韓國人眼中，鐵道的擴張，就是日本勢力的擴張。

果然，在這幾條路線完成後沒幾年，韓國就淪為了日本的殖民地。

第十六章

朝鮮：來自殖民地的吶喊

一八九五年十月八日凌晨，天還沒亮的時候，在朝鮮首都的景福宮內，傳出了一陣槍響，一群不知從何而來的人，闖進了王宮。王宮之內，頓時陷入了一片混亂，有人大喊著：「王妃快逃！」

天亮之後，人們發現在宮內發現了三具屍體。其中一人，被認出來是國王高宗的妻子閔妃，而其他兩人，則是她的侍女。趕來處理的日本代表見狀，要求將閔妃的遺體運到景福宮東側的庭院，放一把火燒了。

誰是殺害朝鮮王妃的兇手？

這個震撼國際的消息傳出後，各方壓力都指向了日本政府。日本政府因此以謀殺之名，起訴了四十八名嫌疑犯，交付廣島地方法院。不過，隔一年，廣島地方法院做出了裁決，所有嫌犯都以證據不足為由，無罪釋放。至於兇手的身分，成為歷史懸案，至今仍無定論。

暗殺事件發生前六個月，日本剛剛結束與清朝的甲午戰爭，雙方簽訂馬關條約，清朝因為戰敗，割讓臺灣與澎湖等地。

這段歷史，臺灣讀者早已耳熟能詳。甲午戰爭改變了臺灣的命運，也讓日本獲得第一個海外殖民地，躋身現代帝國的行列。可是對日本而言，他們最在意的不是臺灣，而是朝鮮半島上的那個國家。

打從一開始，甲午戰爭就不是為臺灣而打的。它之所以爆發，是因為朝鮮內部出現農民叛亂，朝鮮政府向清廷請求協助，日本則以保護海外國民為由出兵，兩支外國軍隊，最後在別人的領土上打了起來。

甲午戰爭過後所簽的馬關條約，臺灣也只是眾多議題之一。馬關條約第一條，講的不是「臺灣割讓」，而是要讓「朝鮮獨立」。

這時候的朝鮮，夾在中國、日本與俄羅斯幾個大國中間，外面還有歐洲來的勢力節節逼近，如何在強敵環伺下生存，成為了最重要的課題。顯然，朝鮮必須聯合次要敵人，打擊主要敵人。只是，誰是次要敵人，誰是主要敵人？朝鮮的官員與讀書人對此意見分歧，國內也漸漸分成了不同的派系。有人選擇聯合日本，有人選擇求助中國。

在甲午戰爭以前，主張聯合清朝的人佔了上風，被暗殺的閔妃也是其中一員。日本透過馬關條約要求朝鮮「獨立」，真正的意思，其實是要清朝不得再插手朝鮮事務；換句話說，就是要斷絕朝鮮跟清朝合作的機會。這樣一來，日本就有更大的機會能夠控制朝鮮半島。

早在幾十年前，日本國內就出現過「征韓論」的聲浪。但是當時並沒有要將朝鮮併吞的具體計畫，主流的意見也反對魯莽地對外用兵，最後因而不了了之。到了十九世紀末，如何處理朝鮮，才又重新成為了日本政壇的話題。

在一些日本政治人物的想像中，朝鮮半島對日本有無可比擬的重要性，攸關日本的利益與生存，必須想辦法緊緊控制，不能讓它落入別人的手中。

日本與歐洲的帝國不同，當年只差一點，它就要淪為西方人的殖民地。因此，日本對外始終有著一絲不安全感，它需要擴張，證明自己在國際上的地位，同時做為自我防衛。

而朝鮮，就在這種心理下，成為了它最大的目標。

面對日本的進逼，當時在位的朝鮮國王高宗一度試圖振作。在閔妃暗殺事件過後兩年，他把國名改名為「大韓帝國」，自己則成為韓國歷史上第一位皇帝。既然清朝在中日戰爭中被證明軍事力量不如日本，高宗就轉向俄羅斯尋求協助，以抵禦日本勢力。

只是沒想到，一九〇四年，日本和俄羅斯之間爆發了戰爭，結果俄國竟然戰敗，韓國的靠山又一次垮臺。

日本趁著這個機會，要求韓國簽下了一份協議書，協議書裡同意讓日本在韓國首都設立權力龐大的「統監府」，並接管外交權，等於讓韓國成為日本的保護國。

消息一出，韓國全國上下備感震驚。代表簽約的大臣被視為賣國賊，一家報社的社長，發表〈是日也，放聲大哭〉的文

統監府廳舍

章，痛批日本破壞東亞和平，更有許多人投入愛國自強運動，希望能挽救國家危急存亡的命運。

但局勢並沒有因此停止惡化。一九一〇年八月，日本與韓國又簽下一份條約。根據這份條約，韓國皇帝將一切統治權「完全且永久地」讓與日本皇帝，韓國改稱「朝鮮」，正式淪為日本的殖民地。

消息傳到東京，許多日本人走上街頭，敲鑼打鼓，慶祝帝國擴張，得到新領土。

朝鮮總督府章。

但一位在沖繩任教的作家聽到這個消息，則在日記中寫著：「心中百感交集，筆墨難以形容。」琉球當年被日本併吞，變成了今天的沖繩縣，當地人最能體會亡國的苦澀滋味。

與臺灣不同，朝鮮在成為殖民地之前就是個獨立國家，民族認同感已經萌芽。日軍登陸臺灣時遭遇過頑強的抵抗，如今強行併吞韓國，可想而知遇到的反抗力量只有更為強烈。日韓簽訂合併條約的當天，日方為了防止可能的動亂，在韓國首都街頭部署重兵，嚴格監控新聞媒體。而且早在條約簽訂前，日方就開始掃蕩各地反抗團體，阻絕任何可能引起動亂的聲音。

進入殖民統治之後，日本政府對朝鮮的嚴格態度比起對待臺灣也是有過之而無不及，他們在朝鮮半島上部署了大量的憲兵，由他們兼任警察職務；而負責殖民事務的朝鮮總督一職，也全部由軍人出任，統治的軍事風格強烈，不像臺灣還曾有過文官總督。

第二十六代朝鮮國王——高宗。

朝鮮總督府官報

第一號

明治四十三年八月二十九日

印刷局（龍山）

○詔書

朕東洋ノ平和ヲ永遠ニ維持シ帝國ノ安全ヲ將來ニ保障スルノ必要ナルヲ念ヒ又常ニ韓國カ禍亂ノ淵源タルニ顧ミ曩ニ朕ノ政府ヲシテ韓國政府ト協定セシメ韓國ヲ帝國ノ保護ノ下ニ置キ以テ禍源ヲ杜絶シ平和ヲ確保セムコトヲ期セリ

爾來時ヲ經ルコト四年有餘其ノ間朕ノ政府ハ鋭意韓國施政ノ改善ニ努メ其ノ成績亦見ルヘキモノアリト雖韓國ノ現制ハ尚未タ治安ノ保持ヲ完スルニ足ラス疑懼ノ念每ニ國內ニ充溢シ民其ノ堵ニ安セス公共ノ安寧ヲ維持シ民衆ノ福利ヲ增進セムカ爲ニハ革新ヲ現制ニ加フルノ避ク可ラサルコト瞭然タルニ至レリ

朕ハ韓國皇帝陛下ト與ニ此ノ事態ニ鑑ミ韓國ヲ擧テ日本帝國ニ併合シ以テ時勢ノ要求ニ應スルノ已ムヲ得サルモノアルヲ念ヒ茲ニ永久ニ韓國ヲ帝國ニ併合スルコトトナセリ

韓國皇帝陛下及其ノ皇室各員ハ併合ノ後ト雖相當ノ優遇ヲ受クヘク民衆ハ直接朕カ綏撫ノ下ニ立チテ其ノ康福ヲ增進スヘク產業及貿易ハ治平ノ下ニ顯著ナル發達ヲ見ルニ至ルヘシ而シテ東洋ノ平和ハ之ニ依リテ愈〻其ノ基礎ヲ鞏固ニスヘキハ朕ノ信シテ疑ハサル所ナリ

朕ハ特ニ朝鮮總督ヲ置キ之ヲシテ朕ノ命ヲ承ケテ陸海軍ヲ統率シ諸般ノ政務ヲ總轄セシム百官有司克ク朕ノ意ヲ體シテ事ニ從ヒ施設ノ緩急其ノ宜キヲ得以テ衆庶ヲシテ永ク治平ノ慶ニ賴ラシムルコトヲ期セヨ

御名 御璽

明治四十三年八月二十九日

内閣總理大臣兼大藏大臣 侯爵桂太郎
陸軍大臣 子爵寺内正毅
外務大臣 伯爵小村壽太郎
海軍大臣 男爵齋藤實
內務大臣 法學博士男爵平田東助
遞信大臣 男爵後藤新平
文部大臣兼農商務大臣 小松原英太郎
司法大臣 子爵岡部長職

朕天壤無窮ノ丕基ヲ弘クシ國家非常ノ禮數ヲ備ヘムト欲シ前韓國皇帝ヲ冊シテ王ト爲シ昌德宮李王ト稱シ嗣後此ノ隆錫ヲ世襲シテ以テ其ノ宗祀ヲ奉セシメ皇太子及將來ノ世嗣ヲ王世子トシ太皇帝ヲ太王ト爲シ德壽宮李太王ト稱シ各其

朝鮮總督府官報 第一號 明治四十三年八月二十九日（明治四十三年八月二十九日第三種郵便物認可） 一

日韓合併當日所發行的《朝鮮總督府官報》。

（左）高宗送葬隊伍。（中）大韓民國臨時政府要人。（右）大韓民國臨時政府國務院。

相比之下，韓國人的反日抗爭也比臺灣更激烈。在合併條約簽訂以前，韓國各地有人組織起「義兵」，以武裝暴動，與駐紮在朝鮮半島的軍隊硬碰硬。許多讀書人也加入了義兵的行列，過去他們待在書齋當中，如今卻得拿起武器，上場作戰。

一九〇七年，日本解散韓國軍隊，結果卻讓義兵的勢力更加龐大。面對義兵反抗，日本軍隊的指揮官毫不留情，以強勢武力展開掃蕩。在一陣殘酷的全面鎮壓後，義兵終於逐漸失去了反抗的能力。

儘管少了義兵，韓國人的抗日和獨立運動並沒有就此斷絕。有些人流亡海外，跑到中國、俄羅斯或是美國，繼續籌劃反抗計畫。也有人在上海籌組「大韓民國臨時政府」，將基地設在上海的法國租界內，避免日本警察騷擾，全心準備光復祖國的活動。

這和臺灣的情況並不一樣。日本剛剛接收臺灣時，不願意接受日本統治的地主或有錢人可以選擇渡過臺灣海峽，回到清朝統治下的中國。韓國人則不同，離開朝鮮半島，等於流離失所、無處可去，所以反抗的決心更為堅定。

韓國抗日活動的最高峰，發生在一九一九年三月一日。這一天，韓國民眾趁著為皇帝高宗舉辦喪禮的機會，發起了大規模的抗議活動。以學生為首的群眾聚集在公園內，發表獨立宣言，強調韓國是獨立的國家，韓國人應該獲得自主的地位。

日本軍隊和警察一字排開抵擋三一運動群眾。

運動迅速爆發開來，全韓國境內，有超過五十萬人參與了各地陸續發生的起義。有些抗議活動選擇了暴力手段，參與群眾拿起棍棒，四處放火，並攻擊日本官方機構，襲擊憲兵和警察。

日本政府當然不會放任獨立運動的態勢蔓延下去，立即展開了鎮壓活動，逮捕了將近五萬人，在嚴重的衝突抗爭中，造成了七千多人喪命。

三一運動雖然以失敗告終，但是仍然震撼了日本中央。

從併吞韓國開始，日本每年發表《朝鮮的改革與進步年度報告》，對外宣傳日本統治的正當性，強調自己將為朝鮮半島帶來更美好的未來。但「三一事件」帶來國際社會的輿論壓力，不少人對日本投以懷疑的眼光。日本急於向外界證明，自己有能力做個強大的帝國，能夠妥善統治殖民地。

韓國人不願接受日本統治，這一點早在預料之中，只是經過了將近十年的軍事統治，竟然還沒有辦法消滅殖民地反抗的意志，顯然舊政策是有問題的，必須重新檢討，只靠武力壓制，無法保障殖民地的安定。

原本的朝鮮總督長谷川好道，因為「三一事件」下臺一鞠躬，日本派來了曾經是海軍大將的齋藤實，接替他的位子。但齋藤實上任第一天，就遇到韓國抗日運動者在漢城車站放置炸彈，打算將他暗殺。最後齋藤實雖然逃過一劫，但爆炸還是造成了現場三十多人死傷。這就是韓國人迎接新總督的方式。

不過，齋藤實就任之後，改變了殖民地統治方針，稍微放鬆了原本對韓國社會的壓抑，加強懷柔的手段，以避免動亂繼續發生。他同意讓韓國人出版韓文報紙，獲得一點言論自由，也廢除過於殘酷的刑罰，塑造殖民政府友善的形象。

另一方面，朝鮮總督府也開始設立學校，推動日本式的教育，希望提高韓國人對日本的認同感。他們在歷史教科書裡，強調朝鮮王朝末期內部的鬥爭與混亂，將自己描繪成拯救韓國人民的形象。

（上）長谷川好道。（下）齋藤實。

（左）林獻堂。（右）矢內原忠雄。

在一九一九年的「三一事件」之後，日本也開始在朝鮮半島上加強了基礎建設，並推動初級的工業化。在此之前，朝鮮和臺灣一樣，只是個農業社會，扮演的角色是為帝國提供糧食與工業原料。

為了避免三一運動捲土重來，殖民地政府也嘗試分化韓國人的民間組織。他們透過利誘的方式，接觸有錢人和菁英，由他們出面說服同胞服從殖民統治。

有些殖民地的知識分子認為，不斷地以武力反抗與犧牲，終究不是長久之計，倒不如承認日本統治的事實，然後盡可能地為韓國人民爭取平等的權利。在堅持反抗和革命的人眼中，這些「親日派」說法是在為殖民政府擦脂抹粉，幫敵人說話，不可原諒。因為路線不同，反日團體也漸漸開始分裂。

同一時間的臺灣，武裝抗日已經不再是主流。這時候，由林獻堂等人推動的「議會設置請願運動」正在風起雲湧，訴求臺灣人也能夠參與政治，和一般日本人享有同樣的權利。如果以韓國的標準來看，臺灣人的反抗行動確實溫和多了。

無論是作風激進還是溫和，來自殖民地的呼聲，都在日本本國內獲得了迴響。任教於東京帝國大學的政治學教授吉野作造，曾經親自造訪朝鮮半島，見證朝鮮民眾的苦悶與憤怒，所以他呼籲總督府應該早日改變統治策略，給予殖民地更多的自由。

同樣任教於東京帝國大學另一位教授矢內原忠雄，也嚴詞批評日本的殖民統治，更以具體行動聲援臺灣人爭取權益的活動。一九二九年，他出版了《帝國主義下的臺灣》一書，直指總督府在經濟上對殖民地的剝削與壓迫，結果導致這本書在臺灣遭到查禁。

殖民地的變化，不會是孤立的現象，它和殖民母國總是存在著連動關係。一九二〇年代的日本，有股自由的風潮也正在逐漸興起。我們很快會看到，在這個年代，新的政治文化、新的社會風氣，甚至是新的男女關係，都在改變著日本帝國每一個角落的面貌。

第十七章

新女性：自由戀愛的年代

當伊藤野枝認識大他十歲的大杉榮時，她還是個不滿二十歲的少女。那是一九一〇年代的日本，當時的大杉榮，已經是文壇與思想界的明星。他活躍於各種社會運動中，四處鼓吹無政府主義，曾經多次因此遭到逮捕入獄。他出眾的魅力，讓許多人傾心。

年紀輕輕的伊藤，同樣才華洋溢。她出生在一八九五年，很早就踏入文壇，並發表過許多關於女性權益的評論與翻譯。

伊藤與大杉榮認識不久，就受到彼此的吸引。唯一的問題是，當時的大杉榮已經結婚了，伊藤因此成為了他人婚姻的第三者。不，更精確地說，伊藤野枝是第四者——大杉榮認識伊藤的時候，還同時在與另一位名叫神近市子的女記者交往。而伊藤自己，其實也是有夫之婦。

（左）神近市子。（右）一九五三年四月十九日當選第二十六回眾議院議員的神近市子。

伊藤的先生名叫「辻潤」，原本是上野高等女學校的英文老師。在這所學校中，他認識了來自福岡的女學生伊藤野枝，展開了一段不為社會所允許的戀情。為了和伊藤在一起，辻潤承受了外界的批評，最後不得不辭去老師的職務。幸好，當年他翻譯的一本《天才論》，在日本大為暢銷，讓兩人的生活暫時不虞匱乏。

另一方面，伊藤野枝也開始在《青鞜》工作。在一九一〇年代的日本，《青鞜》是最活躍也最激進的一份女性雜誌，創辦人平塚雷鳥在發刊詞中強調：女性是太陽，不是月亮，不需要靠著他人的能量也能夠發光。

從第一期開始，《青鞜》就致力於傳播女性獨立解放的思想，而且從不畏懼碰觸敏感議題。她們聲援娼妓、支持自由的婚姻與戀愛，並且公開討論墮胎。這些言論在在挑動社會的敏感神經，不僅讓男性的保守分子感到憤怒不安，就連一些女性也對她們敬而遠之。但《青鞜》成為了那個時代「新女性」的代言人，儘管大眾對於這個名稱的評價好壞參半。

身為雜誌社一員的伊藤野枝，對於挑戰傳統社會習俗同樣充滿著能量。她說：「新女性要在多數人停止的地方，更進一步，以先行者的身分，走出新道路。」她很清楚，這不是一條容易的道路，因為「先行者在不斷開拓的同時，能獲得世俗的安慰是很少的。自始至終的孤獨、徹頭徹尾的苦痛、煩悶、不安、不時被深刻的絕望所襲擊，衝口而出的卻只有對於自己熱烈祈禱的吶喊。想要幸福、同情與安慰的人，是不可能成為先行者的。」

後來在一篇名為〈關於貞操的雜感〉的文章中，她更高呼著「打破習俗！打破習俗！除此之外沒有其他能拯救我們的方法。」

這樣的伊藤野枝，在朋友的引介下，認識了同為社會運動者的大杉榮。在此之前，大

平民新聞

在大杉榮之前，日本也有人發行過《平民新聞》。

杉榮已經讀過伊藤所翻譯的《婦女解放的悲劇》，還寫了一篇簡短的書評，大為讚賞，只是他還未曾見過譯者本人。

雙方的第一次見面，發生在辻潤與伊藤夫婦兩人的家中。伊藤並非特別出色的美女，但她的笑容與智慧，在大杉榮心中留下了印象。

這時的大杉榮，正忙於籌備一份名為《平民新聞》的刊物。一九一〇與二〇年代前後，是個人人都想辦報辦雜誌、言論世界百花齊放的時代，根據官方統計，當時的日本有五、六百種的新聞報紙、一千多種的雜誌在市面上流通。從明治維新後開始推行義務教育的日本，經過幾十年的累積，已經創造出一個廣大的閱讀群眾，許多作家、知識分子，都想抓住這個機會，傳播自己的思想。

大杉榮也不例外。他原本希望藉由這份刊物，能夠喚起讀者的自覺，點燃日本國內勞工運動的風潮。不過，《平民新聞》的創刊號在一九一四年十月十五日發行當天，立刻遭到政府查禁，理由是「危害社會秩序」。

得知此事的伊藤野枝，特別透過《青鞜》的〈編輯室報告〉，表達了遺憾與聲援之意。

大杉榮看到之後，又將伊藤的文章轉載於《平民新聞》的第二期，以示感謝。兩人透過這種方式，傳達對於彼此的惺惺相惜。

儘管《平民新聞》的出刊遭遇風波，但大杉榮再接再厲，繼續籌辦第二、第三期（後來都遭到查禁）。同一時間，他也四處演講，主編另一份刊物《近代思想》，並且翻譯達爾文的《物種原始》等西方當代著作。

為了完成這些數量龐大的工作，大杉榮時常一個人躲到一間名為「日蔭茶屋」的旅館，也是在這個地方，他與伊藤的感情，出現了意外的發展。

一九一六年四月，伊藤野枝與辻潤的婚姻劃下了句點。伊藤向辻潤坦承自己對大杉榮產生了感情，聽到此事的辻潤，壓抑不了自己的憤怒，動手打了伊藤，雙方不歡而散。伊藤帶著二兒子離家出走，留下大兒子給前夫。

這時的大杉榮，已經與元配保子分居，並與記者神近市子開始交往。他與神近之間有三項約定：經濟獨立，絕不同

辻潤。

居，且尊重彼此的感情自由。但實際上，大杉榮還是曾多次接受神近的接濟——辦雜誌一事讓他的經濟不時陷入窘境。

伊藤與神近並非不知道彼此的存在。日本媒體早就注意到大杉榮複雜的男女關係，以窺視的手法予以報導，並稱呼神近為「第一號情婦」，也有評論家疾呼這是「日本國民道德的大倒退」，看到這些報導的神近市子，心中想必不是滋味。

十一月七日的傍晚，神近獨自抵達了日蔭茶屋，準備和大杉榮會面。她原本預期對方應該也是隻身一人，沒想到卻發現伊藤也在現場。三個人面對面，一句話也說不出來，連旅館送上的晚餐，也沒人吃得下去，就這樣無言地過了一夜。

隔天早上，伊藤在吃過早餐後，便找了理由，匆匆離開，留下大杉榮與神近二人，繼續度過了尷尬的一天。到了晚上，神近想跟大杉榮把話講個清楚，大杉榮卻對她說：「我會把借的錢全數還給妳。」聽了這些話的神近，感覺到什麼在心裡燃燒，怎麼也無法入睡。終於她拿出了一把十五公分的短刀，往大杉榮的身上刺了下去。

大杉榮被情婦刺殺的新聞，立刻成為了各大報紙的頭條。躺在手術臺上的大杉榮，原本以為自己必死無疑，最後卻被醫生給救起。至於神近市子，則在犯案之後，獨自到了派出所自首，準備接受調查。

事件發生過後幾天，大杉榮翻譯的《男女關係的進化》按照原訂計畫出版，但為了避免不必要的爭議，出版社將譯者的名字改成了「社會學研究會」。

社會輿論對於大杉榮與伊藤兩人並不諒解，反倒是對神近寄予了同情，認為她是真正的受害者。在法庭之上，負責的檢察官毫不留情，稱呼事件中的三人是「色情狂」、「墮入畜生道的禽獸」。

律師則為神近辯護，說她在犯下兇行的前兩天，剛剛進入月經期，身心耗弱，判斷力與自制力都受到影響，屬於「精神障礙」的狀態，加上嫉妒與憤怒，才會衝動地犯下此罪，絕非蓄意殺人。

神近自己冷靜地強調，此次犯案的動機絕非出於愛人被搶那種單純的嫉妒，而是無法接受長期以來對於大杉榮所抱持的尊敬與信賴，最後竟然是謊言一場。

法官最後做出裁決，判處神近市子四年徒刑，並在判決書裡寫著：這起案件必須歸咎於「自由戀愛的邪說」，暴露出「新女性」的缺陷。

至於伊藤野枝，在事件過後成為了千夫所指的對象，被人認為是惡魔一般的女性。一年後，她為大杉榮生下了一個女兒。像是為了反擊外界的指責一般，她把女兒取名為「魔子」。

伊藤野枝與大杉榮的故事，反映出一九一〇與二〇年代日本社會風氣的走向：一股追求自由與解放的風潮。伊藤與大杉榮都是這股風氣最熱切的擁護者，又親身示範了箇中的複雜與矛盾。他們追求的既是個人的自由，也是群體的解放。

一九一二年年中，明治天皇逝世，繼任的大正天皇，不像父親那樣充滿權威感，社會上甚至出現了許多關於他古怪的傳言。人們說，他曾經在外賓面前，旁若無人地把手中的文件捲起來，當成望遠鏡一般的四處觀看。

大正天皇在位的時期，正好碰上日本各種言論風起雲湧的年代，這個國家好像從原本急於富國強兵的氣氛中，轉換到了另一個方向。這個時代，經常被稱為「大正民主時期」。

這股風氣不只停留在日本本土，就連做為殖民地的臺灣與韓國（當時的殖民地朝鮮），都能夠感受到這股變化迎面而來。在大正時代，許多臺灣人開始有機會遠赴日本留學，進入東京的大學讀書。而在帝國首都，他們不僅可以接觸最前衛的思潮，認識抱持先進理念的師長，遇見世界各地來的朋友，更可以親身感受到時代巨輪的轉變。

這個時候的日本，正處於一個思想開放的年代。但還不只如此，這也是一個充滿抗爭、屬於行動者的時代。

大正天皇。

第十八章

民本主義：國家為誰存在？

一九〇五年九月五日，有幾千名抗議民眾聚集到了東京的日比谷公園。這裡是東京第一所新建的公園，兩年前才剛剛完工開幕。公園就在天皇的住所皇居旁邊，不過抗議民眾的目標不是天皇，而是位於公園正門外面的內務大臣官邸。

當時的日本，剛結束與俄羅斯間的戰爭。日本雖然在戰爭中獲勝，但也付出了高昂的代價，光是這一點就已經讓國內的民怨高漲。戰爭之後的談判，結果更是不如外界預期，終於讓日本民眾對政府的不滿到達了臨界點。

警方事前就已經得知抗議活動的進行，因此派出了大批的警力，封鎖住公園。不過現場的狀況超乎他們的預期，民眾們很快地突破了封鎖線，他們手中拿著石塊，舉著標語，口中喊著：「奸臣的爪牙，開門！」

混亂之中，內務大臣的官邸開始起火燃燒，附近的國民新聞社同樣遭到縱火，就連派出所也成為了人們攻擊的目標，情勢一發不可收拾，警察完全無法維持現場秩序。

隨著時間越拖越久，暴動的範圍也越來越廣，從日比谷公園逐漸延伸到了其他地區。眼看市中心就要陷入無政府狀態，日本政府終於在六日晚間宣布戒嚴，開始逮捕抗議群眾，騷動一直到了七日才漸漸平息下來。

日比谷公園的暴動，是日本在進入二十世紀後的第一場大規模群眾運動。它開啟了一個抗議的年代，在接下來的日子裡，日本民眾一次又一次地走上街頭，表達他們對於政治的不滿。

其中最大規模的一場抗議事件，發生在一九一八年的夏天。事件一開始的主角是群住在小城市的主婦所發起，身為勞動者妻子的她們，對高漲的米價感到難以忍受，因此發起了抗議活動。

這原本只是一起地方上的事件，但隨著新聞報導，消息傳到了位於大阪等大城市，得到了都市居民的響應。接著又從大阪蔓延到了神戶、廣島、東京等地，一個月後抗議活動竟然遍及日本全國，數十萬人為此走上街頭，到處都傳出暴動的消息。

這次的「米騷動」，不僅是日本對於物價高漲、生活困難的抗爭，也成為人們對於社會不公平的發洩出口。日本社會中長期被歧視的下層階級「部落民」，許多都加入了抗爭的行列。

日本政府受到抗爭的震撼，緊急發布命令，出動了軍隊來支援警察，鎮壓民眾。同時禁止報紙刊登米騷動的新聞，以免事態繼續擴大。不甘心的新聞媒體，轉而將政府的禁令大幅刊登在報紙頭版，以示抗議。

日本二〇年代的諷刺畫《成金榮華時代》，圖中的老人正在焚燒一百日圓紙幣。

經過兩個多月，這場大規模的抗議活動才終於平息下來。但在事件過後，飽受批評的日本內閣，也不得不集體下台一鞠躬。

「米騷動」為日本社會傳遞了一個重要的訊

（左）米騷動中被燒毀的商店。（右上、右下）在日比谷公園發生的大規模群眾暴動。

息，就是對於政治不滿的群眾，可以把力量聚集起來，而當他們聚集起來，是有可能推動一些改變的。

這股來自民間的活力，鼓舞了學院中的知識份子。當時任教於東京帝國大學、專門研究政治學的吉野作造，就對米騷動所代表的社會力量充滿興趣，他在一篇評論中指出，米騷動根本的原因，在於政府不願傾聽民眾的心聲。換句話說，真正的問題在政府，不在人民。

吉野作造是大正時期思想界中最耀眼的人物。他特別把民主（democracy）一詞翻譯為「民本主義」，強調政府應該以人民的福利為依歸。但要達到這個目標，不能只是靠道德呼籲，更重要的是從制度面開始改變。

吉野作造認為，箇中關鍵是要讓更多人能夠參與投票，透過選舉機制，讓一般人也能表達自己的政治意見。換句話說，經濟的問題必須要透過政治的手段解決。

吉野作造的構想，獲得了許多人的響應。很快就有人在東京的日比谷公園，舉辦爭取普選的活動，吸引了五萬多人參加。在「米騷動」結束後七年後，日本終於放寬限制，取消財產的門檻，讓所有年滿二十五歲的男性都能夠投票——當然，只有男性而已，女性還必須再等上幾十年才能享受同等的權利。即便如此，也已經是相當大的突破。

吉野作造不像一般的評論家，也不像一般的學者，他遊走在媒體與學術界間，既能對現實世界的脈動做出即時的反應，又能冷靜深思，提出具有深度和體系的理論。他的「民本主義」成為這個時代最有代表性的辭彙，儘管有人批評他的觀點，也有人反對他創造的這個新辭彙，但是沒有人能夠忽視他的影響力。

另一位東京帝國大學的法學教授美濃部達吉，則把討論的對象指向了日本天皇。從明治維新開始，天皇在日本國內就有至高無上、絕對尊崇的地位。美濃部達吉卻說，天皇只是政府機關的一個部分，並不擁有絕對的權力，天皇需要內閣的輔佐，但內閣並不是只對天皇負責，而是要對代表民意的國會負責。和「民本主義」一樣，美濃部達吉的「天皇機關說」，在這個時代受到了廣泛的推崇。

同一時間，也有知識分子開始為勞工的權益發言，引進歐洲的社會主義，甚至成立了共產黨。前面提到的大杉榮也是這股風氣下的產物，不過，他比許多人都走得更遠，甚至擁抱了無政府主義。

勞工也在此時開始學習組織工會，對抗勢力越來越龐大的財閥。當時有位作家小林多喜二，寫了一本名為《蟹工船》的小說，描寫了漁業工人被老闆剝削的慘狀，引起了廣大迴響。諷刺的是，小林本人卻因為「影響公司聲譽」，被所屬的銀行給開除了。

另一位男作家細井和喜藏，則寫了一本寫實小說《女工哀史》，以自家妻子的親身經驗，描繪一群在紡織工廠工作的女工。在性別與階級的雙重壓迫下，她們成為了社會上最弱勢的一群人。

除了國內的社會和政治外，也有知識分子開始放眼世界，或者更精確地說，開始放眼東亞世界，提倡所謂的「亞洲主義」。吉野作造也是其中一人，他年輕時候曾經居住在中國，還曾接觸近代中國歷史上的重要人物袁世凱，並成為他兒子的家庭教師。後來吉野作造與殖民地韓國的知識分子也多有往來。

「亞洲主義」的觀念並不是全新的論點——早從十九世紀開始，就有一群日本知識分子，開始強調以中國和日本等東洋文化的優越性。他們認為，西方不過在物質文明上暫時領先，東洋精神傳統仍是無可取代。這樣的想法，從一九二〇年代之後似乎越來越具有說服力，尤其當時歐洲剛剛打過第一次世界大戰，顯得陰霾罩頂，問題重重。

「亞洲主義」不只引起日本國內的討論，也吸引了其他國家的知識分子。一九二四年十一月二十八日，當時擔任中國國民黨總理的孫中山，在日本的神戶發表了名為「大亞細亞主義」的演講。他說，西方文明強調的是霸道，東洋文化的核心則是王道；他更強調，幾年前日本打敗俄羅斯，證明東洋文明就要覺醒。

只是，這種種百花齊放的思想，經歷不過十多年，竟然開始陸續遭到政府的壓制。許多批評政府的作家和思想家被逮捕入獄，作品也遭到查禁。時代變化，軍國主義抬頭，就連像亞洲主義這樣的思想，後來也不幸成為日本對外侵犯的正當化藉口。

至於曾經因為自由戀愛轟動一時的大杉榮與伊藤野枝，早在一九二三年關東大地震的混亂中，遭到一位名叫甘粕正彥的軍人殺害，動機不明。兩人的屍體被丟棄在附近的一口井中，那年大杉榮三十八歲，伊藤野枝二十八歲。他們的生命，宛如是大正民主時期的縮影，如此自由，如此奔放，卻又如此短暫。

甘粕正彥。

第十九章

關東大地震：災難與復興

一九二三年九月一日上午十一點，一場大地震襲擊了東京地區。

在日本，地震原本是再平常不過的事。可是首都地區稠密的人口，讓一九二三年的這場地震，導致了前所未有的災難。都市內的建築大量倒塌，東京陷入一片火海。都市中的木造建築物，讓火勢不斷地蔓延，就這樣延燒了兩天兩夜。屬於政府機關的警視廳、大藏省（相當於財政部），還有日本最古老的新橋火車站，都逃不過無情的大火摧殘。東京帝國大學（今天的東京大學）圖書館中的七十多萬冊藏書也付之一炬。為了躲避不知何時停止的餘震與火災，東京的上野公園內，湧進了五十萬的難民。

根據事後統計，在這場地震中有數十萬戶的房屋全毀，超過九萬人死亡。

因為震災的關係，淺草不遠處一座公園的池

塘中，漂浮著許多屍體，都是在附近風化區工作的娼妓。最悽慘的場景，出現在東京本所區（今天墨田區）的一個避難所內。這裡原本是陸軍的服裝工廠，後來工廠搬家，廠址成了空地，因而在震災期間被當成了避難所。想不到一陣突如其來的旋風，將大火吹向了空地，難民們來不及躲避，有些人直接被火燒死，有些人則是在煙霧彌漫中因氧氣不足窒息而死，現場留下三萬八千多具遺體。

大地震不僅對東京地區造成史無前例的破壞，也搖動了日本的人心。社會中出現了各式各樣的流言，有人說海嘯隨時會出現，有人說更大的地震還要再來，甚至有人說富士山即將爆發。日本軍方內部甚至有人提議準備遷都，而且最好搬到朝鮮半島，因為就自然環境而言，東京非常可能還會遭遇同樣的災難。

人們的不安和恐懼，最後化成了排外的情緒，指向了來自殖民地朝鮮的韓國人。有傳言他們趁著地震的混亂，在井水裡頭下毒，而且準備在各地引爆炸彈。流言隨著未經查證的新聞報導傳開，

關東大地震。

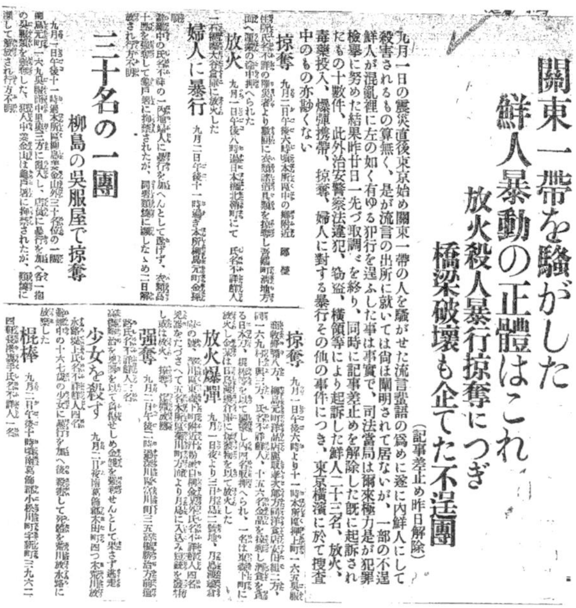

關東一帶を騷がした
鮮人暴動の正體はこれ
放火殺人暴行掠奪につぎ
橋梁破壞も企てた不逞團
（記事差止め昨日解除）

九月一日の震災直後東京始め關東一帶の人を騷がせた流言蜚語の爲めに途に内鮮人にして殺害されるもの算無く、是が流言の出所に就いては尚ほ闡明されて居ないが、一部の不逞鮮人が混亂裡に左の如く有ゆる犯行を逞ふした事は事實で、司法當局は爾來極力是が犯罪檢擧に努めた結果昨廿日一先づ取調べを終り、同時に記事差止めを解除した既に起訴されたもの十數件、此外治安警察法違犯、物盜、横領等により起訴した鮮人二十三名、放火、毒藥投入、爆彈携帶、掠奪、婦人に對する暴行その他の事件につき、東京横濱に於て捜査中のもの亦尠くない

掠奪

放火

婦人に暴行

三十名の一團
柳島の吳服屋で掠奪

掠奪

放火爆彈

強奪

少女を殺す

棍棒

（上）一九二三年十月二十二日，《東京時事新報》報導韓國人的騷動事件。
（下）警視廳保護韓國人的收容所（目黑競馬場）。

導致韓國人遭受攻擊，許多無辜的韓國人也因而成為這場大地震意外的受害者。日本官方宣稱，有兩百多人因此遭到殺害，但日本民間的調查，數字則遠遠超過於此；二次大戰後的韓國政府，更一度號稱有數十萬名受害者。

地震留下了一個殘破的帝國首都，該如何清理這個局面，成為令日本政府頭痛的難題。最後接下這個任務的，是曾經擔任殖民地臺灣民政長官的後藤新平。

一九〇六年結束在臺灣總督府八年工作的後藤新平，回到日本之後官運亨通，一路高升。先是被調派到滿洲，擔任南滿洲鐵路總裁，這個職位跟表面上看來不太一樣，他要負責的不只是鐵路事業，而是要以鐵路為名，實行日本在滿洲地區的勢力擴張，準備進一步的推展殖民事業。

後藤新平把他在臺灣採行的那套政策邏輯搬到了滿洲，連當年在臺北共事的下屬，也一同帶去。他花了很多力氣建設滿洲的都市，特別是大連與長春，同時也展開了鉅細靡遺的地方調查，以便施行他信奉的「生物學統治」，也就是：比目魚是比目魚，鯛魚是鯛魚，兩者的構造不同，處理的方式也應該不同。

在滿洲沒有幾年，後藤新平又被調回了日本國內，進入內閣擔任遞信大臣（相當於交通部長），此後又陸續擔任內務大臣（內政部長）與外務大臣（外交部長），在政壇上站穩了一席之地。一九二〇年，他更接任東京市長一職，執掌日本帝國的首都，就在地震發生前幾個月，他才剛剛卸任。

當年不過是名古屋一個地方小醫生的後藤新平，如今成為日本舉足輕重的政治人物。

在地震發生過後，後藤新平被新任的首相緊急找了回來，以內務大臣的身分，肩負起重建帝國首都的任務。他很快地訂下了四個重建的準則：

一、絕不遷都。

二、要求三十億日圓的重建經費。

三、採用歐美最新的都市計畫，建造一個相應的新首都。

四、為了採行新的都市計畫，對於地主將採取強硬的態度。

畢爾德教授。

從這四點中，不難看出後藤新平對於東京的想像。他不想要放棄東京，但是也不想要只是「重建」一座舊的城市，而是要趁著災難給予的機會，創造出一個屬於未來的首都。

當年還是東京市長的後藤新平，就曾經想過要大刀闊斧地推行都市更新，所以身旁早就聚集了一批專家，他甚至邀請來自美國哥倫比亞大學教授、鑽研歷史與政治學的畢爾德（Charles A. Beard）擔任顧問，可惜最後因為經費不足，加上地主的反對，未能成功。不過當時的構想，不但被喻為日本近代都市計畫的開端，也為這一次震災重建打下了重要的基礎，讓後藤新平在短時間之內，提出一套新的復興計畫。

後藤新平的構想，獲得了其他內閣成員的同意。唯一的問題是，三十億日圓重建經費實在是筆不小的數字。當時日本全國一年的預算還不超過十五億日圓，怎麼可能一口氣就拿出三十億呢？結果受到外界的嘲諷，認為後藤隨便吹牛。

不過，後藤新平還有更大膽的想法。他進一步對內閣提出了三項更具體的實踐計畫：

第一，要設立一個特別的政府機關，來負責重建計畫；

第二，復興的財源原則上來自國家經費，但要同時透過內外債，確保足夠的資金；

第三，要藉由發行公債，將受災的土地全數買下，以便之後重建的推行。

這三項計畫中的最後一項，預計要花費高達五十億日圓的資金，比三十億還多出二十億。可想而知，這項昂貴計畫遭到其他內閣成員的否決。不過，專職重建的機關「帝都復興院」倒是按照原訂計畫，順利成立，並由後藤新平親自職掌。他找來信任的心腹擔任復興院的幹部，同時再次請來美國顧問畢爾德，幫忙擘劃東京復興的藍圖。

雄心萬丈的後藤新平，與帝都復興院的成員合作，提出了兩種重建方案。只是，兩個案子送到國會，卻受到了議員的猛烈批評。後藤新平原本提出十億日圓的第一期預算，在國會中遭到大幅刪減，他認為這是有心人在玩弄政治，扯他後腿，多年之後他提到此事，仍然感到忿忿不平。

最後，重建計畫按照原訂時程進行，但規模是無論如何不得不縮小了。

第二十章

東京摩登：浴火重生的首都

在關東大地震發生前的十年，日本的經濟正在快速地起飛。一九一四年的夏天，第一次世界大戰在歐洲爆發，這場戰爭奪走了一千多萬人的生命，也讓歐洲的對外貿易，包括原料和加工產品的出口，都遭受到嚴重的衝擊。但大戰期間的日本，卻迎接了前所未有的好景氣。日本的重工業和化學工業，因為戰爭物資需求，突飛猛進地成長，整體的產業也在戰後逐漸變得自給自足。

日本在二十世紀初就已經和英國結為同盟，因此在第一次世界大戰爆發後，它也跟著與德國宣戰，並在青島與德軍打了一仗，獲得快速的勝利。戰後成為戰勝國的日本，不但從德國手中獲得了南洋群島，一時之間，更彷彿可以躋身國際列強。軍事與經濟雙方面的進展，給了日本人新的希望。

也是在一次大戰後，日本社會中出現了許多新的富豪。因為經濟好轉，人們說，只要做對的投資，就彷彿點石成金，身價可以一夕之間翻轉數倍。至於一般的上班族——今天仍然到處可見，那些穿著白襯衫黑西裝的薪水男（サラリーマン）也在這段時間快速增加，白領階級開始成為社會的中流砥柱。

不只如此，許多原本待在家裡的女性，在此時開始走出家門，投入就業市場。許多人進入紡織工廠，成為女工，有更多人則開始擔任教師、百貨公司店員、車掌小姐、接線生，或是護士。

隨著一般人富裕起來，都市裡有些閒錢的人開始增加，各種新式的消費娛樂也蓬勃發展了起來，帶有西方風味的商品尤其受到歡迎。當時在東京街頭，出現了越來越多的咖啡廳；除了咖啡外，人們也開始懂得享用洋風料理，最風行的三大餐點，是咖哩飯、可樂餅和豬排飯；最流行的飲料，則是一九一九年剛剛誕生的可爾必思。今天人們熟悉的日本百貨公司，如高島屋、三越百貨，也是在此時開始成形。

災後設立的隅田公園。

換句話說，在地震襲擊東京之前，這座帝國首都已經是一座熱鬧而繁榮的大城市。

負責重建的後藤新平，原本想把趁著震災的機會，把東京的基礎建設徹底翻新，包括沒有被地震摧毀的地區，讓東京全面升級。不過，由於預算被刪減，計畫也只好先集中在受災最嚴重的區域。

在這些地方，後藤新平與他的團隊重新規劃了土地利用的方式，還有交通路線的設計，拓寬了許多原本狹窄的小街道，並且開始鋪設連結市內不同區域的大型幹道，讓大小街道構築為完整的交通網路。今天東京有許多主要幹道，都是當時規劃留下來的痕跡。

另外，為了預防未來可能發生的災害，重建團隊也在東京各地設立許多小學與公園，除了提供教育與休閒的功能，也可以成為臨時的避難所。其中

（左）摩登時代的銀座。（右）一九二五年山手線開始全線運行，此為列車駛入上野車站的情景。

兩座大型公園——隅田公園與濱町公園，就蓋在流經東京的隅田川旁邊。重建團隊還在隅田川旁挑選另一片土地，建設了一座新的市場，後來成為了知名的築地魚市場。此外，他們還規劃了新的防火地區、市區的小運河、港口、橋樑、地下水道等各式各樣的設施。

這個牽涉多端、龐大的重建計畫，歷經七年努力，終於在一九三〇年告一段落。這一年的三月二十四日，東京市政府舉辦了一場盛大的「帝都復興完成」慶祝活動，邀請天皇走訪各地，驗收成果。不過，後藤新平並沒能親眼看到這個盛大的場面；慶祝活動舉辦的前一年，他因為腦溢血，匆匆告別了人間。

後藤新平過世以前，東京已經很大程度恢復了原本的元氣。被燒毀的房子又重新蓋起來，倒掉的百貨公司，如今以更華麗誘人的姿態登場。一九二五年，環繞著東京行走的山手線正式完工，位於鐵路線上的新宿、澀谷、池袋，成為了新興的鬧區，與舊的鬧區，如上野、銀座等地，既相互競爭，又互相連結。地震之前早已十分興盛的消費文化，也跟著都市的重建、交通的再造，又一次流行了起來。

「摩登少女」（modern girl，モガ）是這股新風氣中

的產物。她們剪短了頭髮，穿上了洋裝，漫步在東京銀座街頭。她們在咖啡廳打工、看新電影、聽爵士樂，而且大膽地談戀愛；她們也躍上了新聞與雜誌的版面，成為銷售新產品的代言人。現實世界中，或許只有很少數人能夠完全符合這些描述，不過「摩登少女」的形象成為了一個時代的象徵，許多人透過購物、消費，想像自己也能成為摩登少女的一員。

地震之後的日本文藝界，則是開始流行「情色、怪奇、無意義」（Erotic、Grotesque、Nonsense）的創作，在別人眼中看似難懂的藝術，成為了摩登少男少女的最愛。這三個辭彙，代表了最新潮、最現代的文化風氣，跟不上的人，就是落後在時代之後。

除了東京之外，沒有受到地震波及的大阪，是另一個興起的現代大都會。其他規模沒那麼大的城市，也跟著它們的腳步，朝著現代都會的形象邁進。

這時候的日本，已經有了遍及全國的鐵路網，許多生長在「二級城市」的人們，可以搭著火車進到東京工作、求學。文藝青年也紛紛到東京朝聖、取經，他們帶來各地的文化，豐富了東京的文學、藝術界，又把東京最新鮮的風潮帶回家鄉，創造出了屬於地方的現代文化。

地震之後的東京，維持著政治、經濟與文化首都的身分。都市裡的小市民，依然能夠享受消費帶來的愉悅。藉著購物，他們可以不理會日本政治上的紛紛擾擾，不管誰上臺誰下臺，不管國家做了什麼好事或壞事。他們不像一九二〇年代，那些走上街頭抗議的民眾一樣激烈，卻用另外一種方式表達了自己對政治的態度。

只是，這樣美好的日子並未一直延續下去。再過不久，日本就要捲入一場比大地震更為棘手的動盪，它所帶來的破壞，也將遠遠超過當年的關東大地震。到那個時候，不管是在東京還是其他城市的居民，都將不再擁有選擇自己生活方式的權利。

第廿一章

滿洲：暴走的帝國

一八六八年的明治新政府成立之後，日本以令人意外的姿態，先後擊敗了中國與俄羅斯，又併吞了琉球、臺灣和韓國，這個崛起中的東方帝國，彷彿所向無敵。

日本的下一步，該往哪裡走？

當時一位名叫石原莞爾的日本軍人相信，照這種局勢發展下去，東洋文明與西洋文明之間最終將有一場決戰，而且將是一場毀滅性的戰爭。這是一場無可避免的戰爭，是人類文明必經的道路，只有在那之後，世界才可能享有永久的和平。

他更預測，這一場戰爭中，代表西洋文明出戰的將是美國，至於代表東洋文明的，當然就非日本莫屬。為了贏得這場最終的世界大戰，石原莞爾強調，日本必須積極地增強軍事實力，同時擴充版圖，而其中的關鍵地帶，就是位於中國東北的「滿洲」。當時有許多人和石原莞爾一樣，相信滿洲將會是日本的「生命線」。

沒過多久，日軍就把石原莞爾的構想付諸實現。

一九三一年九月，日本從朝鮮半島調派了軍隊，一路往滿洲前進。在十八日的夜裡，他們爆破了滿洲的鐵路線，並且開始攻擊附近的中國軍隊。從那個晚上開始，日本一步一步攻陷滿洲地方的城市，佔領的區域越來越大。

突如其來的軍事衝突，立刻引發國際之間的關切。第一次世界大戰之後成立的國際聯盟，對此議論紛紛，還特別舉行了投票，以十三比一的懸殊差距，要求日本撤兵，日本則唯一投下了反對票。日本軍方沒有理會決議，而是持續擴大戰線，最後攻佔了整個滿洲。

日軍在滿洲擴張的消息，很快就傳到日本國內，出現在報章雜誌等媒體。為了爭取讀者的目光，各家記者和編輯都使勁全力，用最煽情的方式，挑動民眾的情緒——只要能夠促進銷量的都是好新聞。在這種背景下，軍方只要從旁推波助瀾，戰況就成為社會上最熱門的話題。

（上）九一八事變後進入齊齊哈爾的日軍。（左下）石原莞爾。（右下）進入瀋陽的日軍。

隨著大眾媒體的廣泛宣傳，日本的愛國主義，變得越來越高昂。遠方轟轟烈烈的戰爭看來越來越像一場精采的戲劇。當日軍節節得勝時，眾人可以跟著一起熱血沸騰；當有同胞在戰場上犧牲，大家又跟著一起哀嘆惋惜。媒體將戰死的士兵描繪成為國捐軀的英雄，再將做為對手的中國軍隊塑造成膽小、懦弱和落後的形象。

日本民眾對於日軍的行動，不只有情感上的認同，更以直接行動給予支持。滿洲事變發生不久，日本的報紙上就出現了捐款活動，打算募資金錢，以慰問前線的戰士。活動先由全國性的報紙發動，地方性的報紙接著跟進，很快就變成了一股風潮。捐款的金額，最終只佔軍事支出的一小部分，但它有重要的象徵性意義，反映著整個社會對於戰爭的狂熱。

這次的滿洲事變，是由駐紮在滿洲地區的關東軍自己發動的，並未經過日本中央政府同意。事後人們批評，這是日軍的「暴走」。可是當時日本的執政官員，對此反應卻是軟弱無力，只能被牽著鼻子走。

正因為如此，從那一刻起，「暴走」的軍人主導了國家未來的走向。

滿洲事變的隔年，日本找來清朝最後一位皇帝——當時年僅二十六歲的溥儀在這塊新領土，成立了名為「滿洲國」的政權。

不少清朝的遺老，也跟隨著這位前皇帝來到了滿洲國。他們心中仍念念不忘那個已經滅亡的政權，始終無法認同中華民國，所以把希望寄託在滿洲國之上。但在許多後來的歷史學者筆下，這群遺老成為了通敵的漢奸。

滿洲國和臺灣或朝鮮不太一樣，不是一個單純的日本殖民地，而是由日本支持的新國家。它可以與日本簽訂外交條約，甚至還擁有自己的軍隊——當然，滿洲國軍隊要由日本人擔任顧問和教官，滿洲國的政策也總是配合著日本帝國。

滿洲國成立的時候，喊出的口號是「五族共和、王道樂土」。所謂五族，指的是漢人、滿人、蒙古人、日本人和朝鮮人等五種種族。理想上，他們要共同生活在這塊土地，創造一個屬於未來的烏托邦，一個美麗新世界。滿洲國的國旗，也由五種顏色組成，呼應著五族共和的理想。

但理想只是理想，實際則是另一回事。

滿洲國的五族當中，漢人人口佔了最大多數，大約百分之八十左右。其次依序是滿洲人、蒙古人、朝鮮人，最少的則是日本人，只有大約百分之一。

可是就社會地位而言，順序卻是相反的。人口最少的日本人，在滿洲國享盡優勢，甚至是特權，他們可以當官員、高級公務員、大型企業的主管；人口最多的漢人，大多卻只能當一般的小老百姓，從事農業或小買賣，還有很多人是生活困苦的勞工。

當然，不是所有滿洲國的日本人都能夠身居高位，他們其中有不少人是農民，跟著日本的移民政策，來到了滿洲，負擔開拓的工作。當時日本國內的農業，因為各種原因的衝擊，面臨很大的困難，滿洲國因此成為了日本政府解決農村問題的工具，甚至有計畫要在二十年內輸出一百萬戶農民到滿洲；而對

末代皇帝——溥儀。

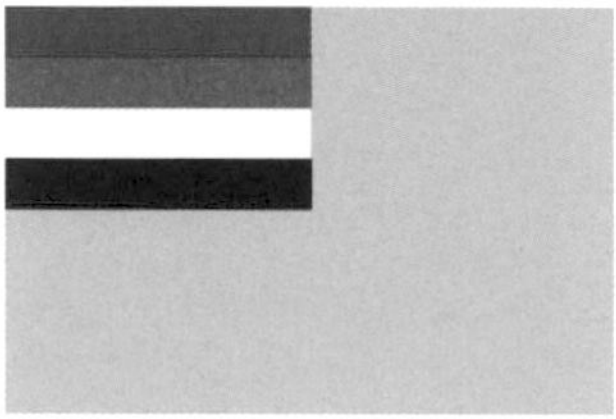
（上）滿洲國郵票。（下）滿洲國國旗。

於農民而言，移民滿洲則是在海外尋找一條求生之路。或許在他們眼中，滿洲國的確是片新的樂土。

滿洲國的成立，再次引起國際社會的注意。國際聯盟派出了代表，前往滿洲地區調查。日本卻宣稱，在中國東北爆發的軍事衝突，不過是正當防衛之舉，又強調滿洲國的成立，與日本沒有直接關係。

國際聯盟的調查團沒有接受這樣的說法，他們回來後，在報告書中譴責日本用武力佔領了中國東北，違反國際聯盟維護和平的原則。雖然如此，調查團並不認為日本需要將滿洲歸還給中國，只是要求他們撤兵，將該地區交由幾個大國組合成的委員會共同管理。

建議案最後送交了國際聯盟的成員投票，結果四十二票贊成，一票反對（來自日本），一票棄權（來自泰國），壓倒性地通過。

出席的日本代表松岡洋右見狀，拿出了原本就準備好的講稿，以英文發表演說。曾在美國留學的他，對自己的英文相當有自信，在表達完強烈不滿之意，松岡洋右隨即退席抗議。幾天之後，日本正式宣布退出國際聯盟。

返回日本的松岡洋右，並未因為這項外交上的挫折而遭受批評；相反地，他從抵達橫濱港的那一刻起，就受到英雄式的歡迎。人們認為他在國際聯盟表現強硬，最後又堂皇地退場，

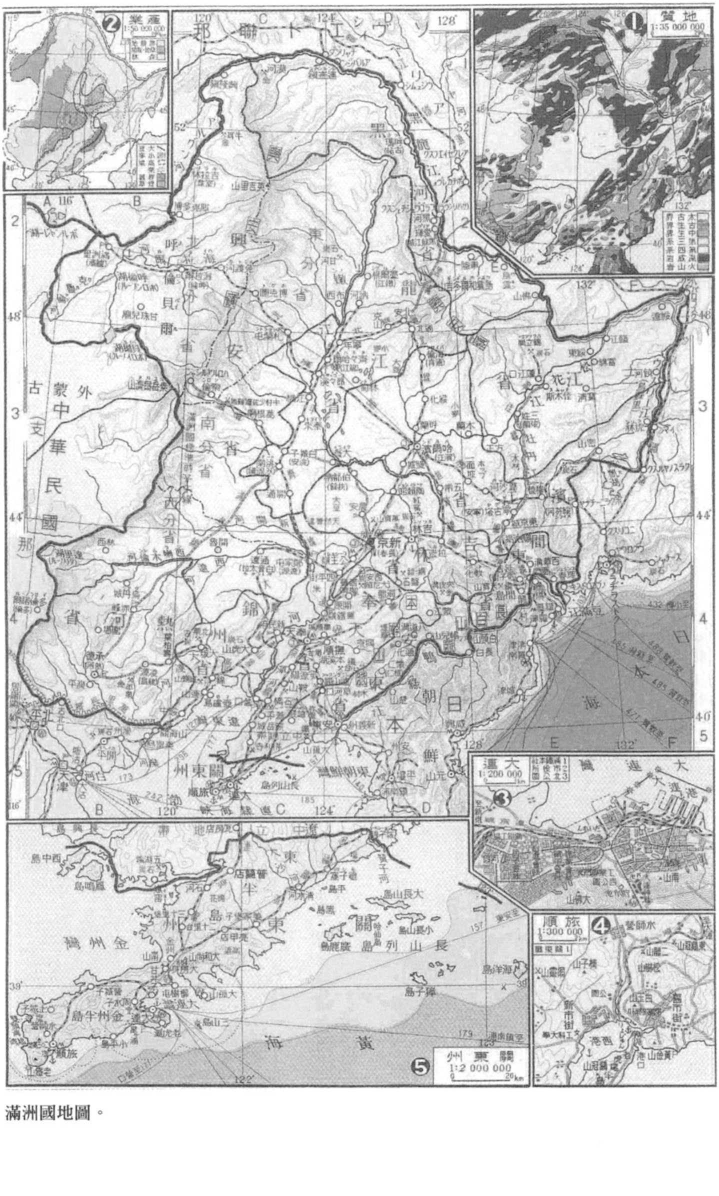
地質 1:35 000 000
產業 1:50 000 000
大連 1:200 000
旅順 1:300 000
關東州 1:2 000 000

滿洲國地圖。

為日本爭了一口氣，從此日本可以擺脫國際社會的束縛，走向自主的外交政策。

日本在國際上變得孤立的同時，國內社會氣氛漸漸出現了轉變。像我們之前看過的，一九二〇年代的日本，原來是自由奔放、百家爭鳴的時代，許多知識分子為了民主、平等與人權等議題而積極發言。進入一九三〇年代之後，整個思想界卻因為軍國勢力的崛起而遭受壓制，逐漸失去了聲音。

最令人意外的事件，發生於一九三三年。那一年，兩位日本共產黨的領導人突然發表聲明，宣告完全放棄原本的主張，轉向支持政府對外軍事擴張的政策。這只不過是一連串骨牌效應的開始，連一向最激進、批判政府最用力的共產黨，都放棄了自己的立場，其他的知識分子很快就紛紛跟進，宣示自己對於國家政策的效忠。

還有人喊出「舉國一致」的口號，也就是全國上下必須團結一心，不能容忍不同的意見。在這種氣氛下，少數不願意配合的人，就會遭到圍勦。

比如前面提過的的美濃部達吉，原本是東京帝國大學中飽受尊崇的憲法教授，他主張天皇為日本政府機關的一個部分，並不單獨擁有國家的主權——主權應該屬於全體國民。

這個受到多數法學教授的認可、名為「天皇機關說」的理論，在一九三五年，卻引發激烈的反彈。軍方和其他政治人物認為美濃部達吉的學說，否認了天皇的神聖性，是對天皇不敬，要將他起訴，送交調查，並禁止他在學校繼續授課。因為提倡「天皇機關說」，美濃部達吉不但言論自由受到限制，還因此遭受暴力攻擊。

另一位任教於京都帝國大學的法學院教授瀧川幸辰，同樣因為批判政府，被國會議員指責，作品也遭到查禁。日本的教育部長甚至直接找上京都帝大校長，要他開除瀧川幸辰的教授職務。

不過，京大校長回絕了政府的施壓，沒想到，日本教育部竟然直接下令，將瀧川幸辰解職。這個破壞言論自由與憲政體制的舉動，引起了京大法學院強烈反彈。法學院裡頭三十一名教授全部辭職；而法學院的學生也全數申請退學，以示抗議。日本其他法學院的學生，更是紛紛表達聲援之意。

但這些動作，只是在那個時代裡頭微弱的抵抗，無法阻止日本進一步往軍國主義的方向邁進。再過不久，這個國家就要陷在戰爭的泥淖中，難以自拔。

第廿二章

戰爭：染血的櫻花

一九四五年的八月十五日，據說是個晴朗的一天。

那天上午，出生在臺南醫師的吳新榮到了下營，準備為瘧疾患者做抽血檢驗。回程路上，他遇見了同樣身為醫師的好友謝得宜。謝得宜告訴他，當天中午有重大事情要宣布，務必密切注意廣播。

吳新榮到家後，照著謝得宜的話，立刻轉開了收音機，可是收音機卻沒電了。一直到當天晚上，吳新榮才從朋友口中得知到底發生了什麼事。

同一天的正中午，霧峰林家三少爺領袖林獻堂也轉開了收音機。廣播裡傳來昭和天皇的聲音，緩緩地說著：「為了世界平和及日本民族將來發展之故，決定接受波茲坦宣言。」——天皇講得隱晦，可是意思很清楚：日本要無條件投降了。

對於陷入第二次世界大戰泥淖中的日本帝國而言，這個消息或許不讓人意外，但它出現的時間，還是比林獻堂預計的來得更快、更早。得知這個結果的林獻堂，在日記裡感慨地寫著：「五十年來以武力建致之江山，亦以武力失之也。」

另一個臺中人楊基振，當時人在中國，正準備搭車前往北京，途中正巧聽到了日本投降的消息。他的反應比只留下短短一句話的林獻堂要激動許多，回想過去幾年的戰爭，他說：「真是全世界人類最悲慘的時期。」又說：「這全是日本軍閥的錯。」

國民精神總動員標語：「讓我們一起拒絕燙髮」、「奢侈是敵人」、「讓我們一起組成勤勞報國隊」、「雄飛報國之秋」（左→右）。

這一場戰爭已經打得太久，以致很多人已經分不清究竟是從何時開始的。後來的歷史學者中，有人認為戰爭的起點，是一九三一年，日本佔領滿洲那一刻開始，因此是一場「十五年戰爭」。另一種常見的說法，則是從一九三七年七月七日的午夜算起。

那一個晚上，日本與中國的軍隊在北京蘆溝橋爆發了第一場戰役，究竟是誰挑起戰火，如今依然眾說紛紜，但原本小規模的衝突，一發不可收拾，演變為雙方的全面戰爭。兩年之後，在歐亞大陸另一邊的德國入侵了波蘭，歐洲的戰火，也從那一刻點燃。第二次世界大戰，就這樣展開了。

隨著戰爭的擴大，日本政府對於一般人民日常生活的控制，開始變本加厲。都市之內的娛樂設施紛紛遭到取締，一般學生不能留長髮，女性更不能燙髮，戒指被認為是奢侈品，也在禁止之列；此外，每天的糧食都必須由政府配給。日本政府也在國內與殖民地推動「國民精神總動員」，希望全國人民為了長期抗戰做好準備。

而為了贏得國民的支持，當時的報紙上充滿著對於戰爭的宣傳與歌頌。有位作家保田與重郎更熱情洋溢地說：「日本前所未有的偉大時代即將來臨！」

不過，事情沒有文學家想像的美好。在中日大戰開打之

（上）日本海軍大將山本五十六。
（中）羅斯福簽署對日宣戰書。
（下）日本首相近衛文麿。

後，日本雖然將戰線不斷推進，但進展的速度遠遠落後預期。一九四一年，原本打算袖手旁觀的美國，因為日本攻擊珍珠港而參戰，更為戰事增加了許多變數。

指揮「珍珠港之役」的日本海軍大將山本五十六，原本計畫透過奇襲，一舉擊潰美國國內的士氣，沒想到卻得到了完全相反的結果。此舉激起美國社會的強烈反彈，羅斯福總統透過廣播，告訴全國人民：「勿忘珍珠港！」

在美國參戰之後，需要兩面作戰的日本，戰勝機會更顯得渺茫。珍珠港事變之前的三個月，日本首相近衛文麿主動辭職下臺，他說：「我對這場戰爭已無信心。」戰爭拖得越長，不僅人心浮動，物資的消耗也越來越大。為了不讓後方經濟崩盤，日本開始加強動員各地的人力和物資。超過八十萬的朝鮮居民，被強制送到滿洲等地，從事勞動，臺灣的漢人與原住民，也被徵召加入軍隊。

這些手段，在在凸顯了日本的戰況之惡劣。很多日本士兵被派到東南亞作戰，從此就再也沒有回來。他們死在島嶼、死在海灘，最終連遺體都無法運回故鄉。

為了給士兵的家屬一個交代，軍隊只好將遺體的一根手指頭切下，當作最後的紀念。但隨著戰事越來越激烈，到了戰爭後期，甚至連這樣的替代方案都不可能進行，很多家屬最後收到的是個白木盒子，裡頭裝著的，只有海灘上的砂粒。

然而，為戰爭犧牲的何止是軍人。在戰爭最熾熱之際，日軍所到之處，不管在中國或是在東南亞戰場，都不斷發生著屠殺平民的事件。

為了節省物資，也怕大型動物在戰亂中傷人，一九四三年起，東京的上野動物園更開始有計畫地屠殺園內動物。這個決定由時任東京市長的大達茂雄直接下令，並要求動物園立刻執行。對於飼育員而言，沒有什麼比親手殺死日夜照顧的動物，更令人痛苦了。

可是大達茂雄的態度強硬，要求貫徹命令，結果飼育員只有選擇在飼料中加進毒藥。當時上野動物園人氣最旺的明星動物，是一頭叫做「花子」的大象，據說牠看了同伴吃下飼料死去之後，竟然開始絕食，最後終於因為體力不支而餓死。

日本國民也沒能逃過戰爭帶來的災難。一九四五年

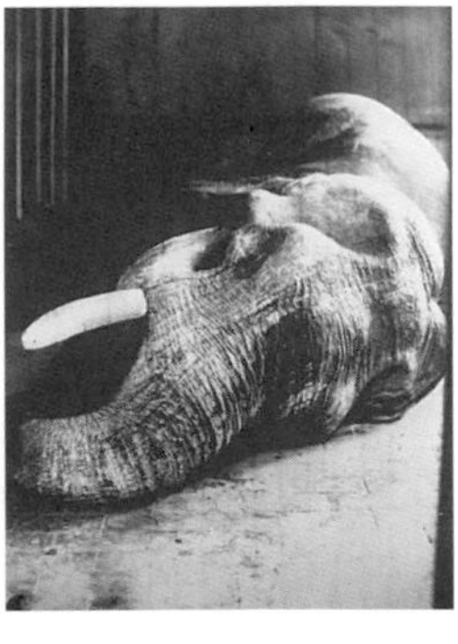

（左）日本攻擊珍珠港。（右）死於動物處分令下的大象。

三月十日，美軍在東京發動大空襲，出動約三百架戰機，全城陷入熊熊烈火之中，整座城市被炸得殘破不堪，死亡人數高達八萬人，受害人數更超過一百萬。而東京只是眾多遭到空襲的城市之一，在接下來的幾個月內，大阪、名古屋還有臺北，都先後受到美軍轟炸。

戰事最慘烈的地方，發生在日本南方的沖繩，這座小島成為了日軍和美軍的決戰之地，雙方死傷慘重。當時沖繩人口不過五十萬，在這場戰爭中，就有超過十二萬人死亡——當中大半都是平民。這場戰役，幾乎宣告了日本戰線的全面潰敗。

一九四五年八月六日，美軍在日本廣島市投下一枚原子彈。在人類歷史上，這是第一次核子武器被應用在戰場上。廣島市中心成為一片灰燼，死亡人數估計超過了十萬人。三天之後，八月九日，第二枚原子彈落在長崎市，造成將近十五萬人喪生。當時，在距離爆炸地點六百公尺處，有五百多位學生正在長崎醫科大學的教室裡上課，其中超過四百人，因為這顆原子彈而當場喪命。

日本帝國開始崩解，再也無法承受更多的死傷。

八月十五日，日本昭和天皇親自透過廣播，正式向全國宣布：日本放棄戰爭。許多日本民眾第一次聽到了日本天皇的聲音——被稱為「玉音放送」，然而，內容卻無法令他們開心，很多人杵在收音機旁邊，就這樣哭了起來。昭和天皇的宣言，同時標示著第二次世界大戰的結束。這一天，成為了日本人的「終戰紀念日」。

不過，戰爭並沒有隨著天皇的廣播立刻劃下句點。在日本北海道的最北端，再往北幾十公里處，有一座名為「樺太」的島嶼，這裡是日本與蘇聯軍隊交火的地方，雙方的戰鬥一路打到了八月二十二日。

（左）聆聽玉音放送的日本國民。（中）在廣島投下的原子彈。（右）在長崎投下的原子彈。

至於在朝鮮半島，人們慶祝的不是終戰，而是「獨立」和「解放」——韓國終於可以脫離日本的殖民統治。零星的暴動出現在首爾街頭，有些曾經擔任日本警察職務的韓國人被認為是賣國賊，遭到襲擊。

可是，韓國人很快就發現，獨立只是一個美好的夢想：蘇聯軍與美軍先後來到了朝鮮半島，將整個國家一分為二。又一次，他們國家的命運被外來者所決定。而且不久之後，他們又被捲入另一場不屬於自己的戰爭。

而日本雖然一一放棄了那些隨著帝國擴張而得來的領土，但他們與鄰國的邊界該如何劃分，到今天仍然是充滿爭議的問題。

因為這一場戰爭，每一年的八月十五日前後，日本媒體上總是充滿著各種相關的報導與爭論，從每年舉行的死難者慰靈儀式與和平祈願活動，到首相是否參拜祭祀戰犯的靖國神社。當然，東亞各國的關係，也在此刻變得格外敏感。每個國家都認為自己是受害者，包括始作俑者的日本。

一直到今天，戰爭結束了幾十年，留下的傷痕依然沒有痊癒。「即便這樣，日本還是選擇了戰爭。」一位日本歷史學者曾經如此寫著，像是在感嘆人們的野心和愚昧，為世界帶來的巨大苦果。

第廿三章

麥克阿瑟：重建日本的巨人

一九四五年九月二十八日，第二次世界大戰結束不久，日本的報紙上刊出了一張照片。照片的一邊，站著剛剛宣布投降的日本昭和天皇，他穿著西裝、挺直著腰桿，表情嚴肅而拘謹。照片另一邊，則是美國的麥克阿瑟（Douglas MacArthur）將軍，他穿著軍服、手扠著腰，沒有一般日本人面對天皇時的戰戰兢兢，巨大的身軀，比身旁的昭和天皇整整高出了一個頭。

這張照片，就彷彿是二戰之後，日本與美國之間關係的縮影。也許是挑動了日本人敏感的情緒，日本政府下令查禁這張照片，但禁令旋即又被美國解除。

日本在二戰投降後就被美軍所接管，成為美國的佔領地。負責處理投降之後一切事宜的，就是這位盟軍總司令麥克阿瑟。

對於臺灣讀者而言，這個名字並不陌生。臺灣的第一條快速公路，就被命名為麥帥公路（麥克阿瑟公路）；而麥克阿瑟的〈為子祈禱文〉，也曾收錄在中學的教科書中。但在戰爭結束後的日本，麥克阿瑟的名字更是眾所周知，而他在這個國家留下的影響，也更為深遠。

一九四五年，麥克阿瑟帶領著美軍進駐日本。美軍選擇了東京市裡幾座完好的建築物，做為指揮基地。身為「駐日盟軍總司令」的他，權力比天皇和日本首相更大，他的每個決定，都左右著日本的命運。

在一些日本人眼中，麥克阿瑟彷彿是神一般的存在。從日本各地，不斷有人寫信給他。信件內容五花八門，有人單純表達感謝，有人寄上禮物，有人表達想去美國看病；還有一個十五歲的中學生，寫了一封信，說自己有兩個願望，一個是希望朝鮮和世界和平，另一個是希望到美國去讀書，請麥克阿瑟將軍幫忙。

二次戰後第一個去美國留學的學生，出發之前，因為感到徬徨不安，也曾寫信給麥克阿瑟，希望能得到他的意見，想不到真的收到了麥克阿瑟的回信，他在信中說：「我沒辦法給你具體的建議，但如果能學習了解美國社會和民主制度，對於你和日本的未來，都會有幫助的。」

麥克阿瑟與昭和天皇。

在日本的期間，麥克阿瑟最重要的任務，是解除這個國家的武裝，同時推行政治民主化。他也希望給予女性參政權、鼓勵勞工組織，並施行自由主義的教育。而為了達到這些目標，首先要做的，就是重新制定一部憲法。

起初，麥克阿瑟將這個任務交給了日本的內閣，可是當時日本內閣並不打算寫出一部全新憲法；相反地，他們擬定的憲法草案，大多仍然延續著舊憲法的精神。

一九四五年八月三十日，麥克阿瑟抵達日本厚木海軍飛行場。

訂定十九世紀明治維新期間的「舊憲法」，內容強調天皇地位的崇高。新的憲法草案，雖然對於人權保障多加著墨，但對於天皇的權力與地位，也幾乎沒有加以更動。麥克阿瑟看了之後，覺得內容實在過於保守，和他的目標有所抵觸，因此無法接受。

當時日本民間也曾經提出各式各樣的憲法草案，包括來自戰爭期間被政府壓制的共產黨，還有各個大學中的憲法學者，但麥克阿瑟也沒有採納這些來自民間的版本，他把起草的任務，交給盟軍總司令部裡一個由二十八人組成的小組。

這個小組中的成員，大多畢業自美國的菁英大學，有些不過三十歲上下，正是年輕氣盛的時期。他們接獲這個任務，心裡都非常興奮——有多少人一輩子能夠有機會為一個國家起草憲法？更何況是像日本這樣的大國。只不過，這個團體的成員對日本的社會和文化，認知都十分有限，他們所擬定的草案，也因此受到外界的質疑與批評。

不過麥克阿瑟認為，他們筆下的內容，足以貫徹自己的理念。根據這部草案，日本維持天皇制，但天皇只是國家的象徵，並不擁有主權，主權屬於全體日本國民。此外草案也明確規定，日本永久放棄戰爭的發動權——這個條文，即「憲法第九條」，後來成為日本國內爭論不休的問題。

這部草案被送到了日本內閣，日本方面幾乎沒有拒絕的餘地。傳聞當時日本內部曾有過不同的意見，但美方的人員在私下的會面中，有意無意地說：「難道日本還想再吃一顆原子彈嗎？」讓日方知難而退，只能接受。至於日本的議會，雖然對於這個草案有過激烈討論，最終還是通過了。

這部憲法還需要通過另一個關卡，那就是由二次大戰戰勝國所組成的「遠東委員會」（Far Eastern Commission）。遠東委員中有些國家對於麥克阿瑟的草案並不滿意。他們認為，應該要直接廢除天皇制，並且將天皇視為戰犯，送交審判。但麥克阿瑟很清楚，當時許多日本國民對於天皇仍然相當尊敬。他說，如果要將天皇廢位，就請準備一百萬的軍隊，否則日本將陷入另一場動亂。

就這樣，在麥克阿瑟強力主導下，天皇制被保留了下來，昭和天皇也並未接受審判，能夠安享晚年。至於日本的軍事武力則被全數解除，美國在太平洋地區的心腹大患，似乎暫時得到了控制。

弔詭的是，就在不到十年內，美國轉而開始提供日本軍備和武器，協助日本成立自衛隊，一下子從頭號敵人變成最佳盟友。為何會有如此巨大的轉變？

原來，二次大戰之後美國在東亞地區最初的盟友，是當時還握有大陸的中華民國。按照原訂計畫，雙方原本應該聯手防堵蘇聯勢力在亞洲的擴張。沒想到二次大戰之後，中華民國國軍面對內部的共產黨軍隊，竟是兵敗如山倒，最後一路撤退到臺灣。中國大陸風雲變色，成為共產國家；國民黨不但沒能擋住共產黨，反而輸掉了大片江山。

這個突如其來的變化，打亂了原本美國的戰略布局。美國只好轉向日本，試圖將原本的敵國轉為盟友。同樣受到影響的，還有位於日本和臺灣之間的沖繩。在美日新建立的戰略藍圖中，沖繩被美軍當成了前線基地。

到了一九五〇年，分裂的南北韓之間爆發了戰爭。這場戰爭，很快變成美國和中國之間的衝突，日本則在這場戰爭中，第一次發揮了其盟友的功能。雖然在武力上，日本能提供的援助很有限，但美軍所要的軍需品，幾乎都要倚賴日本提供。結果，因為這場戰爭，戰後日本的經濟和重工業，意外得到了發展的契機。而美國也因為這場戰爭，逐漸轉而支持日本的軍備武裝。

在韓戰中，麥克阿瑟又一次成為了美軍的最高指揮。他向美國中央建議，如果要贏得戰爭，只對付北韓是不夠的，必須直接攻打中國。可是當時的美國總統杜魯門對此並不以為然，他不想讓戰爭擴大，又認為麥克阿瑟在外坐擁重兵，過於跋扈，似乎不把自己放在眼裡。因此，在一九五一年四月十一日，杜魯門解除了麥克阿瑟最高統帥的職務。

五天之後，麥克阿瑟搭上專機，離開日本。他離開的那一天，據說有超過二十萬的日本人上街歡送，日本政府贈送他「榮譽國民」的頭銜，日本國會也通過感謝麥克阿瑟的決議案。

回到美國後，麥克阿瑟立即發表退休演說。在演講中，他留下了那句名言：「老兵不死，只是凋零。」

（左上）南韓李承晚總統迎接抵達朝鮮半島的麥克阿瑟。（右上）激戰北緯三十八度線。
（下）退休演說中的麥克阿瑟：「老兵不死，只是凋零。」

第廿四章

被佔領：晴空下的黑暗記憶

麥克阿瑟與美軍佔領下的日子，是日本人心中一段獨特的記憶。

佔領剛剛開始的時候，戰火所留下的痕跡還清晰可見。比如戰爭爆發前，銀座曾是東京市區最熱鬧的地帶，只是當時美麗的街景，如今只剩下斷垣殘壁，散落在路上的瓦礫，後來就近丟棄到市中心一條名為「三十間堀川」的運河，結果把整座運河都給填滿。

除了房子和道路被炸毀，人民生活也陷入了極大的困難。糧食不足成為第一個讓人頭痛的問題。戰爭後期，日本就已經碰到這樣的狀況，當時的因應辦法，是由政府管控物資，施行嚴格配給制度。但在戰爭結束後，同樣的制度已經難以維持下去。

為了自力救濟，有人開始在市區種田，就連嚴肅的國會議事堂的外頭，都被當作菜園。想要喝酒的人，也只能用僅剩的原料，私釀一些品質極差的酒。

在這種情況下，餓死的消息不斷傳出。好不容易在戰爭中存活下來的人們，也往往因為營養失調，健康受到嚴重的打擊。

（左）戰後位於新橋的黑市。（右）正在沒收黑市交易物資的警察與憲兵。

從一九四六年開始，外國的物資才逐漸湧入，暫時紓解了日本國內飢餓的問題。由美國設置的亞洲救援機構，送來了大量脫脂奶粉，確保日本學童可以獲得基本營養。脫脂奶粉的獨特口味，也成為那一代日本人共同的感官回憶。

除了吃以外，「住」也成了另一個大問題。在戰爭當中，光是東京就有七十七萬戶人家被炸毀。日本政府雖然希望能夠積極地重建，但實際上的進度很緩慢，很多人只好用回收來的物資，隨便搭建起了避難所，只求能夠遮風避雨。但仍然還有不少孤兒流浪在路上，無家可歸。

因為校舍被戰火摧毀，許多老師只能在戶外為學生授課，雖然是不得不的克難情況，但人們為這種景象取了一個看似美好的名字，將它稱為「青空教室」。失去了掩護的日本人，只能將希望寄託晴朗的天空。

因為物資缺乏，各大都市的車站前紛紛出現了黑市，一時之間讓物價大亂。「黑市」兩個字，一方面表示它不受政府管制、缺乏法律秩序的本質；另一方面也是描述當時日本因為電力不足，照明設備經常失靈的情境。

為了安撫民眾的情緒，從一九四六年的二月份起，昭和天皇開始親自巡視全國，希望能在混亂的時代中，找回國民間彼此的「信任與敬愛」。

出發之前不久，天皇才公布了「人間宣言」，強調自己只是普通人，並不具有神性。但在許多日本人眼裡，天皇仍然具有崇高的地位以及特殊的魅力，很多人看到他本人出現，仍然掩不住興奮與感動，甚至當場就掉下眼淚。

這時候的日本，名義上仍是由天皇所統治，實際上卻是由美軍所佔領。

做為佔領者是很神氣的。彷彿是為了耀武揚威，美軍在富士山的山頂上，插上了美國國旗。選擇日本心目中的聖山宣揚國威，象徵意義確實無比強烈。除此之外，一九四六年七月四日美國國慶日這天，美軍也大搖大擺地在東京街頭舉辦遊行，好像就是在自己的國家之內。而為了美國人方便，東京街頭各處也掛上了英語街名的標語。

因為美軍的到來，學習英語在日本突然蔚為風潮。一家名為成文堂的出版社，看準這個契機，推出了《日美會話手冊》，不到三個月就賣了三百萬冊。隔一年，日本國家廣播公司（ＮＨＫ）開始播送英語會話課程，同樣大受歡迎。

戰爭期間，日本為了激起國民團結對外的戰鬥意志，曾經不斷地醜化敵人的形象，甚至發明了「鬼畜英美」一詞，將英美兩國形容成是餓鬼與畜生。戰爭一結束，他們口中的畜生卻突然登堂入室，而且被奉為上賓，簡直是有了一百八十度的轉變。

不過，在一些人心目中，對於美軍的感受仍然非常複雜。

原因之一，是美軍尚未正式進駐前，日本政府就在國內組織「特殊慰安設施協會」，開設專門提供美軍的「慰安所」，甚至在報紙上招募女性，擔任慰安婦，等於是用公家的資源提供賣春的場所。日本的官員說，這是為了保護一般的良家婦女，才會出此下策。

隔了一年，美方就因為性病在軍中蔓延，禁止士兵踏入慰安所，日本設立的公娼制度也逐漸瓦解。即便如此，買春卻是化明為暗，私娼的問題依然存在，而美軍強暴日本婦女的事件，更是時有所聞。在戰爭中格外明顯的性別暴力，並未隨著戰爭結束而止息。

當然，美軍統治為日本社會帶來了一些正面的影響。比如，按照麥克阿瑟擘劃的藍圖，日本女性獲得了參政權，從此她們可以投票，可以選舉，可以在政治的世界裡發聲。戰爭期間遭到政府追殺的共產黨員，也得以重出江湖。勞工們也能夠組織工會，甚至是舉辦遊行，要求更好的福利與待遇。戰爭之前不能享受的自由，如今好像變得唾手可得。

然而，在表面的自由風氣之下，美軍對於仍然嚴格地監控著人們的言論。為了避免反美的情緒出現，各種出版品或是信件、電報，都必須經過檢查，透過這種方式，美國在日本的大眾媒體上保持了一個良好的形象。

一九五一年九月八日，首相吉田茂代表日本於舊金山會議簽定和平條約。

一九五一年，以美國為主的幾個國家，和日本簽訂了舊金山條約。根據條約內容，日本承認朝鮮獨立，放棄臺灣、澎湖等領土的主權，同時把戰爭賠償等問題一併講清楚。透過合約的簽訂，當年的那一場戰爭也正式宣告結束。

條約簽訂的隔年，美軍撤離了日本，佔領統治劃下了句點。對大多數日本人來說，「被佔領」的經驗，從此成為記憶。可是對日本國內的一群人而言，「被佔領」的時代，卻沒有那麼輕易地就走入歷史。

他們是沖繩的居民。

沖繩和日本本土一樣，在二次大戰之後由美軍接管，成為軍事佔領地。不同的是，一九五二年美軍離開日本本土後，卻依然緊緊控制著沖繩列島。

沖繩位在日本、中國、南北韓、臺灣、菲律賓和越南等國家的正中央，距離北京、平壤、東京，都不到兩千公里，處於絕佳的戰略位置。無論要攻擊還是防禦，沖繩都是最好的據點。因為如此，沖繩變成了美軍在東亞的軍事基地、「反共的磐石」。也因為如此，當日本民主化的同時，沖繩居民卻因為美軍的軍事統治，被排除在外，無論從日本的標準，還是從美國的標準，他們都只能是二等公民。

從那時開始，沖繩居民與美軍的衝突便持續不斷地發生。美軍強暴當地女性的新聞，激起了民眾強烈的不滿；軍事基地帶來的噪音，還有時而發生的戰機墜毀事故，也成為衝突的導火線。

為了集中力量、爭取權益，許多沖繩人開始組織政黨與社團。起初人們對於沖繩未來應該怎麼走，並沒有一致的意見。有人要求獨立，有人主張回歸日本，有人覺得應該交由美國信託統治，最後是由「回歸派」佔了上風。只是，美國並沒有理睬沖繩人民的心聲，反倒壓制民意、解散社團。

沖繩的處境一直到了一九六〇年代中期才有了新的轉機。這時的美國捲入越戰，沖繩也被當成了前線基地。按理說，戰爭下的美國軍方，應該更不願意放棄沖繩才對。不過，隨著越戰變成一場泥淖，美軍傷亡數字逐漸攀升，美國國內的反戰聲浪也越來越高。反越戰的風潮和沖繩回歸的運動，因此有了相互接軌、彼此支援的機會，也讓美日雙方都重新檢討過去的沖繩政策。

一九六四年，日本的新首相佐藤榮作走馬上任。他在上臺之後，親手主導了與美國的協商。佐藤曾經在出國訪問期間，當面向美國總統提及此事，私底下又派出密使與美方接洽。

原本美方的態度十分消極，並不打算輕易交出沖繩，但佐藤在雙方交涉時，選擇了退讓的原則，最後終於讓美國點頭。

一九七二年，美日雙方攜手發布聲明，決定讓沖繩回歸日本。可是，看到這個消息的沖繩居民卻高興不起來。因為沖繩雖然「回歸祖國」，但日本卻在談判時，同意讓美軍的一部分軍事基地留在原地。換句話說，沖繩還是隨時可能轉變為美國的戰爭前線，這和當地居民盼望的和平繁榮，相去甚遠。

而且，日本為了沖繩回歸，必須付出上千億日圓的經費，買下美軍在沖繩的資產，之後還得編列預算，負擔美軍在日本的水費、電費、人事費等種種開銷，等於是拿日本人民的稅金，養美國的軍隊。

諷刺的是，佐藤榮作在退休之後，卻因為沖繩回歸中扮演的角色，贏得了一座諾貝爾和平獎。得獎原因之一，是在他美日交涉的過程中，曾經堅持日本的「非核三原則」，也就是「不製造、不持有、不運送」，並且要求美軍將核子武器移出回歸後的沖繩。

佐藤榮作。

不過，事後有人從政府的機密檔案中發現，佐藤對非核原則的態度，根本不如外界所想的堅定。許多日本媒體對於他贏得諾貝爾和平獎的消息，也只報以冷冷的回應，沒有想像中的歡欣鼓舞。

對佐藤而言，「沖繩回歸」是他任內最得意的事蹟。但對許多沖繩居民而言，只要美軍基地還在，就意味著戰爭所遺留下來的問題一直還在，「佔領」從來不曾離去。

第廿五章

丸山真男：進步的文化人

這個國家究竟發生了什麼事？為什麼原本應該是保護人民的國家，最後卻像是一頭無法控制的怪獸，把大家趕上戰場，吞噬掉寶貴的生命？到底是哪裡出了錯？誰又該為戰爭負責？在二次世界大戰結束，像這樣的問題縈繞著許多日本人的心頭。

一九四六年的五月，戰爭結束不到一年，日本的《世界》雜誌刊出了一篇文章，標題叫〈超國家主義的邏輯與心理〉，作者署名「丸山真男」。

《世界》雜誌在前一年年底剛剛創刊，第一期請來許多重要的作家與學者執筆，標榜高品質的文章內容，引起讀者高度的關注。丸山真男的文章，則讓《世界》的名聲又攀上了更高峰。

在這篇文章裡，丸山真男分析了二次大戰之前的日本社會。他所謂「超國家主義」，就是國家超越了個人，一切都交給政府規劃，由政府所控制。此外，根據他的分析，日本的社會就是把壓迫不斷轉移，當上位者壓迫下位者，下位者就找比自己更下位者壓迫；當近代的日本受到歐洲欺負，它就轉而欺負亞洲的其他國家，這促成了軍國主義和毀滅性的戰爭。

更大的問題是，戰前的日本同時處於一種「無責任體系」中，因為人人都可以把責任往上推託，推到天皇身上，結果真正犯下錯誤的人，反而不用為自己的錯誤負起責任。

丸山真男的文章一刊出，立刻在知識界引起轟動。年輕人抱著這篇文章，一讀再讀，其他的知識分子也圍繞著他的理論，展開了熱烈的爭論。

丸山真男出生於一九一四年，正好是第一次世界大戰開打的同一年。他後來進入了東京帝國大學（現在的東京大學）讀書，研究西洋的政治思想史。他在大學時候的思想導師南原繁，正是這方面的權威。

丸山真男著迷於歐洲的思想家，原本也想繼承老師的路線，沒想到南原繁卻要他回頭去研究日本的思想史。

當時的日本國內正在興起一種扭曲的民族主義，高舉「國粹」與「日本精神」的旗幟，把日本的一切都無限美化。這股風潮的代表人物叫蓑田胸喜，他創辦了一本《原理日本》的雜誌，專門攻擊提倡民主自由、或是帶有左派理想色彩的學者，把他們稱之為「學匪」、「逆賊」。

一九三八年，蓑田在東京的日比谷公會堂舉辦了一場「帝大肅正學術演講會」，要求東京帝國大學好好管束旗下教授們。當天現場據說來了兩千八百名聽眾，丸山真男也在其中——不過，他不是來擁護蓑田胸喜，而是被導師派去了解情況的。

丸山真男。（米署繪）

在這種氣氛下，丸山真男一點也不想研究日本思想史，他甚至對南原繁說：「我討厭日本思想。」可是南原繁對他說：「正是因為我們過去沒有好好地研究日本思想，才會放任這些右翼分子和軍國主義者胡言亂語，搞出一堆奇怪的說法，綁架了日本傳統。就算討厭，也有研究的必要。」

導師大人這麼說，丸山當然也只能乖乖聽話。

為了讓丸山的研究能夠起步，南原繁要求他去參加另外一位帝大教授平泉澄的日本思想史課

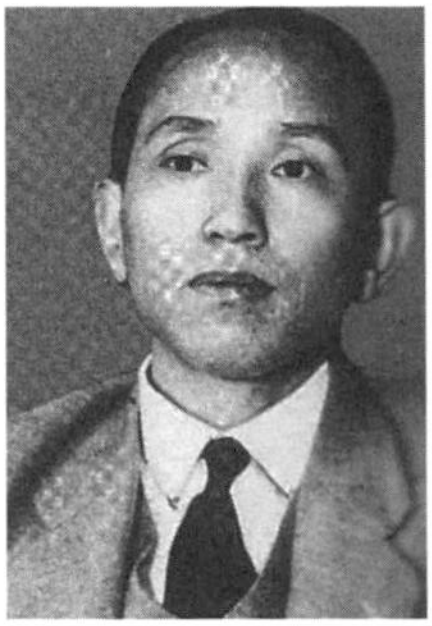

（左）一九三四年十一月《原理日本》創刊號。（中）蓑田胸喜。（右）南原繁。

程。不過丸山聽了課，卻覺得內容保守至極，一點也不滿意。只好借用他在歐洲思想史課程中學到的方法，自己鑽進了日本的思想世界。

二次大戰期間，原本在帝國大學工作的丸山真男也被迫上戰場。他在前線的時間很短，但是已經足以讓他對於戰爭終身抱持著反對的態度。

戰爭結束之後，他回到了校園。一九四七年，東京帝國大學改名為東京大學。任教於東大的丸山真男，在發表了轟動一時的文章之後，又繼續他對於日本政治思想的研究。他把日本的政治文化，一路追本溯源，從明治時代開始，向上追索到了江戶時代。他說日本的文化精神中，有重複著出現的旋律，一些「執拗的低音」，所以要了解日本，不能不把眼光放長、放遠，從歷史中去考察。

丸山一方面寫著學術論文，一方面又不停發表時事評論。他自稱，學術研究永遠是正職，評論只是副業。不過，他永遠是個關懷現世的人，學術的象牙塔從來沒有關住他對外在世界的注意。

當時，日本有許多新銳的思想家與評論家，也紛紛追隨著丸山真男的腳步。他們和丸山一樣，出生在戰爭爆發前不久，在人生最精華的青春歲月，見證了戰爭的殘酷與國家的瘋狂，所以終身抱持著反戰的態度，對於國家也一直秉持著批判的立場。這一群人也就被稱之為「進步的文化人」。

不過，不是所有人都同意丸山真男的說法。

一九六三年，另一份日本重要的政論刊物《中央公論》，開始連載一部名為〈大東亞戰爭肯定論〉的作品。作者林房雄，比丸山真男大十一歲，當年也曾經就讀於東京帝國大學。

年輕時候的林房雄，一度相信共產主義可以創造一個美好的世界，但是隨著軍國主義在日本抬頭，他也跟著「轉向」，開始擁護政府，支持戰爭。因為這樣的立場，在戰爭結束後，他被列入了戰犯的行列，不得擔任公職或企業的高級職位。從年輕時就喜愛文學與藝術的林房雄，因此回到書房，埋首於寫作。

〈大東亞戰爭肯定論〉的刊行，讓林房雄成為社會熱門話題的主角。在這部連載兩年的作品中，林房雄站在與丸山真男等人截然相反的角度，高聲為日本辯護。

文章的標題已經清楚說明林房雄的立場。他所使用的「大東亞戰爭」一詞，在美軍佔領日本的期間，曾經被嚴格禁止使用，因為這個辭彙，讓人想起日本軍方的戰爭宣傳。在戰爭期間，日本宣稱自己與歐美國家開戰，是為了解放的亞洲人民，甚至喊出了「大東亞共榮圈」的口號，彷彿只要日本勝利，亞洲就能脫離西方帝國主義的魔爪。

林房雄認為，要理解當年那場戰爭，必須把時間拉長來看。他說，從培里把黑船開進江戶灣港，強迫日本開國的那一刻起，日本就和其他亞洲國家一樣，飽受了歐美勢力的欺凌。換句話說，日本一直都是受害者，而不是加害者。從明治維新開始，日本的一舉一動，不論是富國強兵，或是軍事擴張，都不過是為了反擊外來的壓迫，為了自我防禦，為了在歐美主宰的世界下獨立生存。

這是一場長達一百年的戰爭，林房雄這樣主張。

百年戰爭的說法，乍看之下有點荒謬，也引來許多批評。可是林房雄的意見，反映了日本國內民族主義的暗流。他並不孤單，因為還有不少人和他一樣，對於在戰爭中落敗的日本，始終抱持著同情。

他們說，日本是全世界唯一被原子彈攻擊過的國家；他們說，戰爭期間美軍對日本無差別的轟炸，同樣慘無人道，犯下了嚴重的罪孽，可是卻被輕輕放過；他們也說，這世界是勝者為王、敗者為寇，日本之所以被追究責任，是因為他們輸了戰爭，而不是因為世界上的強權對於正義有任何真心的信仰。

和林房雄有著同樣想法的人，往往被冠上了「保守派」的稱號，和丸山真男那些「進步的文化人」針鋒相對。

進步派對於戰前日本的批評和反省，在保守派眼中才是真正的荒謬。他們說，國家應該帶給下一代自信，透過教育讓年輕人能夠認同國家，以身為日本人為光榮，怎麼可以一直說國家的壞話呢？

進步的文化人當然也沒有輕易示弱，他們強調人民比國家更重要，主張教育應該給予學生自由思想的空間，而不是洗腦式地灌輸愛國主義。雙方你來我往，在各種報章雜誌上展開一次又一次的論戰。

在戰爭剛剛結束的十多年裡，人們對於當年的災難和苦痛還記憶猶新，反戰是社會的主流氣氛，進步派的言論也因此佔了上風。他們鼓吹民主，鼓吹一般小老百姓有權利表達自己的政治意見，鼓吹人們應該為守護自由而行動。

在這種思潮的影響下，日本出現了一段為了理想而狂飆的年代。

第廿六章

安保抗爭：青春殘酷物語

一九六〇年六月十五日，超過了十萬人聚集在日本國會山莊的外頭，將它團團包圍。人群中有許多年輕的學生面孔，他們站在第一線，隔著圍牆及鐵門，和警察對峙著。

突然之間，有人破壞了國會山莊南邊的大門，衝破了封鎖線。

消息很快傳開，附近的群眾立刻蜂擁而上，闖進國會外頭的廣場。年輕的學生們手上拿著旗幟和木棍，拚了命地往前衝，另一方的警察則戴著頭盔，揮著警棍，並且派出兩輛強力的噴水車，想把抗議的群眾阻止在外。

原本嚴肅的國會殿堂，頓時成為了民眾與警方大亂鬥的戰場。在激烈推擠中，許多學生受了傷，有些人支持不住，倒在地上，但有更多人，繼續衝撞著警方的防線。他們朝警方丟擲棍棒、石塊，甚至將警備車推倒，放火焚燒。

混亂之中，有個女孩子失去意識，被同行夥伴抬了出來。她穿著白色的上衣，深藍色的褲子，頭上的鮮血直流。她叫樺美智子，是位東京大學的三年級學生，那年二十二歲。在這場衝突中，她是第一個，也是唯一一個犧牲生命的人。

樺美智子死亡的消息傳回了抗爭現場，引起群情激憤，也震撼了參與抗爭的學生。學生們都

包圍日本國會的抗議隊伍。

說，這正是警方使用暴力、執法過當的證據；警方卻宣稱，樺美智子是在人群中意外跌倒而身亡。

隔一天，樺美智子的朋友們在東京大學校園內，為她舉辦了悼念儀式。那天飄著細雨，但許多人撐傘湧到了現場，主辦單位掛起大型布條，抗議政府「虐殺」學生。人們說，不能讓她的生命白白犧牲。

六月十五日那天來到國會大樓前的人們，都是為了抗議《日美安全保障條約》（簡稱「安保條約」）而來的。這份條約在一九五一年第一次簽定，當時美軍剛剛要結束二次大戰之後對日本的佔領。

根據這份條約，美國與日本將結為軍事同盟。雖然按照二次大戰後的規定，日本自己不能擁有軍隊，也不能對外發動戰爭，但是它將提供美軍駐紮的基地，成為美國在亞洲的戰略前線。

表面上看來，安保條約讓日本和美國成為盟友，可是說穿了，美國是老大，日本只是跟班，雙方的關係並不平等。同一時間的其他東亞國家，像是南韓與臺灣，也和日本一樣，扮演起美國小弟的角色。他們要共同對抗、聯手防堵的，則是以蘇聯為首的共產主義國家。

安保條約第一次簽訂時，就有許多日本民眾表達過反對意見。在二次大戰後的日本，不少人對於共產主義抱著好感，反倒對佔領過日本的美國，心理有些厭惡。除此之外，二次大戰才結束不久，人們對戰爭的記憶還鮮明，很多人只期望和平的日子，對軍事同盟這類的事情實在難以苟同——沒有人想再捲入另一場戰爭了。

只是，當時的國際局勢並不容日本說不，在二次大戰中吃了敗戰的日本，此時姿態很低，很多事情只能任憑美國決定。當年的安保條約，也就在這種情況下簽訂了。

過了將近十年，美日雙方政府高層又開始交涉，打算在前一份安保條約的基礎上，另外簽一份新條約。根據新條約，日本在雙方的軍事同盟中，將扮演更主動的角色，不但要提供基地給美軍使用，要是真有戰爭發生，更必須積極地協助防禦。日本政府說，這象徵著表示日本可以走向「獨立」，不再只是美國的附庸。

但這只是政府單方面的說法，很多人並不買帳。修改安保條約的消息，又一次引起了國內的反彈。人們不懂，日本已經當了美國這麼多年的小弟，難道還要繼續當下去嗎？社會上因此出現了反對的聲浪。

不過，如果只是這樣，還不足以讓民眾走上街頭、包圍國會。

在安保條約的問題浮現以前，執政的日本首相岸信介，早就已經由於施政問題，一再引發社會上的不滿。比如兩年前，他曾經打算修正「警察職務執行法」（簡稱警職法），大幅提高警察執勤的權限。岸信介對外宣稱的藉口，是要藉著修正法條，加強公共安全與秩序的維護。

但很多人的眼中看來，所謂公共安全什麼的，根本只是藉口。岸信介的舉動，說穿了就是在擴張政府權力，企圖打壓反對的聲音。

岸信介是個奇特的政治人物，他曾經參與過二次世界大戰，並且在戰後被認定為甲級戰犯，

日本政壇的「不死鳥」——岸信介。

但後來在軍事大審中，意外沒被追究責任，逃過一死，最後還當上了首相，成為日本政壇的「不死鳥」、昭和時代的「妖怪」。

不過這位政壇不死鳥，卻在打算修正警職法的時候，碰了一鼻子灰。

在很多人眼中，岸信介本來就是個觀念保守老舊的政治人物，他熱愛權力，政治手段高明，但卻沒什麼進步的理念，對民主或人權也滿不在乎。修正警職法一事，似乎正坐實了外界對他的懷疑和批評。

當時有許多知識界的人士串連起來，舉辦大規模的抗爭，並且積極與在野黨合作，阻止法案的通過。

這是一次成功的社會運動，不但成功擋下了警職法的修正，更為將來的抗議行動提供了基礎。經過這次演練，反對岸信介政府的團體間已經建立了默契，知道如何溝通、協調和合作。所以，當簽訂安保條約的消息傳出，他們很快就又集結起來，成立了名為「安保改定阻止國民會議」的組織，準備再一次挑戰岸信介的施政。

在這個大組織下，有許多目標各不相同的小團體，有人代表婦女，有人代表勞工，也有人是和平主義者，還有一些人是以守護憲法為職志。雖然理念各不相同，但卻有一個共同的目標：反對安保條約。

在眾多團體當中，行動最為積極、甚至激進的，就屬「全日本學生自治會總連合」——簡稱「全學連」。

顧名思義，全學連是個由學生組成的團體，因為年輕，成員們大多還充滿著理想與熱情，做起事來衝勁十足。擔任全學連委員長、負責帶頭的學生名叫唐牛健太郎，那年才二十二歲，還是個北海道大學的大學生。

在反對安保條約的活動中，全學連一直站在第一線——他們是這場運動中的鷹派。早在一九五九年十一月，全學連就率領了一萬多人，展開突擊行動，衝破了國會的大門，和警方發生激烈衝突，成為反對安保條約行動中的第一波高峰。

這次抗爭成功引起了外界的關注。然而，很多人並不贊同全學連過於激進的舉動。日本政府在當天發表聲明，嚴詞批評全學連玷污了國會殿堂；就連全學連的盟友都出面譴責，擔心暴力抗爭的社會觀感不好，可能引起反效果。隔天，警方派人搜索了全學連的總部，發起抗議活動的領導人，也遭到逮捕。

不過，面對批評聲浪和官方追殺，全學連沒有退卻。

一九六〇年的一月十五日，全學連的成員接到消息，知道岸信介準備搭機前往美國，親自與美方洽談安保條約的修正。他們在半夜衝到機場示威抗議，大批人群塞滿了出境大廳，學生們拿起機場餐廳的椅子，組成路障，打算阻止岸信介出國，結果在機場與警方發生嚴重肢體衝突。

但抗爭沒有成功，在大批警力出動的情況下，岸信介還是按照他的計畫，飛往美國首都華盛頓。

反對「安保條約」而引發的社會群眾運動。

執政黨用人數優勢讓「安保條約」強行通關。

相較於全學連激烈的抗爭，其他團體採取的手段明顯和緩許多。有人發起連署活動，蒐集簽名，也有人發動遊行請願，向國會施壓。只是在全學連眼中，這種過於溫和的行動，不可能達到任何成果。當外界批評全學連激烈的行動策略，他們反唇相譏，說秩序井然的遊行活動，只是大拜拜，跟進香團沒有兩樣。

其實，當時日本社會對於安保條約，並不存在一面倒的意見。根據一九六〇年三月的民調，支持和反對安保條約的比例，大概各佔了兩成多。不贊成的人，多是出於反戰的心理，而贊成的人，則是認為與美國合作有利經濟發展。

更重要的是，有高達五成的人，面對詢問，只回答「沒意見」、「不知道」。換句話說，反安保運動面對的敵人，與其說是熱情擁護岸信介的支持者，倒不如說是社會上的冷漠與無知。

當然，隨著反安保團體的努力宣傳，已經有越來越多人對政府的決定抱持懷疑。但諷刺的是，真正讓反安保勢力到達顛峰的，不是別人，正是一直以來主導著安保條約修正的岸信介。

一九六〇年五月十九日，日本眾議院正要舉辦投票，決定是否承認新的安保條約。那是個漫長的一天，執政黨與在野黨之間，一直沒有取得共識，會議從早上一直開到了半夜。各個抗爭團體，包括全學連，都在當天發動緊急動員令，在國會的外頭，群眾聚集越聚越多，抗議的聲音也越來越大。

岸信介所領導的執政黨，看來是準備利用人數優勢，在投票時強行通關。反對黨的議員，態度也很強硬，沒有打算輕易放水，他們佔領了國會主席臺，不讓議長上臺，盡全力杯葛會議進行。

面對這種僵局，岸信介堅持貫徹意志，不能有所退卻，法案一定要通過。對他而來，安保條約已經不是一條普通的法案，而是關乎他的尊嚴，更是他的政權能否維繫的關鍵。

當天晚上十點多，和他同一陣營的國會議長清瀨一郎，派出了五百名警察進入議場，強行趕走反對黨的議員，並且在他們缺席的情況下，宣布開會，進行投票。

這個令人意外、徹底破壞民主機制的舉動，立刻引起群情譁然。

隔天的報紙上，出現對於岸信介政權的批評，指責他不顧民主程序，侵犯國會權力。反對安保的聲浪，隨之迅速高漲，在接下來的一個月內，有數百萬人走上街頭，表達他們對執政者的不滿。

反安保的抗爭規模越來越大，聲勢越來越強，人們不只要質疑國會決議的正當性，更要求岸信介主動下臺負責。根據當時《朝日新聞》的民調，在國會事件一週後，岸信介政府的支持度跌到了只剩百分之十二。

但岸信介彷彿是覺得這樣還不夠。在強行投票事件發生幾天後，他召開記者會，態度依舊強硬。面對洶湧而來的批評，他說：「電影院和棒球場都客滿，比上街抗議的人數還多，我不認為民眾有什麼意見。」

幾天之後，他再一次面對記者，仍然強調：「現在外頭抗議有很多聲音，但我想要傾聽沉默的大多數（或譯為無聲之聲）。」顯然完全沒有把反對者放在眼中。

岸信介的發言，有如火上加油，激發更多人走上街頭。後藤新平的外孫、知名作家鶴見俊輔，就發起「沉默的大多數協會」，反擊岸信介在記者會的發言。

前面提過的東大教授丸山真男，也在報上發表文章，支持國民對公共事務自發性的關心，他把這場抗議活動，看成日本民主能否更加健全的一場試煉。他說，這是日本民主歷史上，前所未有的危機，卻也是前所未有的契機。

換句話說，到了這個時候，反安保抗爭已經不再只是關於安保條約本身，而成為一場保守與進步的對抗，威權與民主的抉擇。

緊張局勢不斷升高的情況下，終於，在六月十五號，發生了那一場帶走了樺美智子的生命、震撼人心的流血衝突。

眼看情勢動盪，岸信介曾經幾度想出動自衛隊（類似日本的軍隊）鎮壓群眾，甚至一連下了幾次命令。但是職掌自衛隊的官員赤誠宗德堅持軍隊不能與國民為敵，拒絕了岸信介的要求。如果不是有他，安保抗爭中或許將有更多人流血。

然而，就在氣氛最緊繃的時刻，安保條約卻默默地在六月十九日「自動生效」。原來，按照日本法律規定，對外簽署的條約，只要眾議院表決通過，就算上一級的參議院尚未表決，三十天後也會自動產生效力。從岸信介動用警察、強行表決的那天算起，這一天正好是第三十天。

國會外頭抗議聲仍然不絕於耳，但是已經無法改變什麼。

幾天後，美日雙方正式批准、交換了條約。

持續了好幾個月的抗爭，就這樣在無力回天的狀態下，以失敗收場。

可是，轟轟烈烈的安保抗爭，真的完全失敗了嗎？曾經走上街頭的幾百萬人，難道都不算數嗎？

在運動的最高潮，曾經有東大的學生懷疑地詢問他們的老師丸山真男，想知道這一切究竟有什麼意義。據說丸山真男在黑板上畫了一個大圓圈，又在圓圈中畫了好幾個小孔。他說，「安保條約就像那個大圓圈，而人們的行動就是這些小孔。」彷彿是在說，只要反對的聲音還在，不論多麼微小，總是能夠造成一些改變。

安保抗爭雖然沒有能夠達到預期的結果，但是喚起了一般民眾對於政治議題的關心。在國會大樓外頭那些激烈抗爭的場面，也一直留在人們的心中，成為了鮮明的記憶。

至於飽受批評的岸信介，因為安保條約，支持度跌到谷底。在美日交換條約的當天，他便宣布辭職下臺。

接替岸信介上臺的新首相池田勇人，為了安撫人心，將政策的方向做了一百八十度的轉變。他把施政的重點放在經濟發展之上，作風也不像岸信介那般強硬。這個做法果然奏效，喧騰一時的安保抗爭，終於暫時告一段落。

在那之後，日本雖然仍然有著各式各樣的社會運動，但就規模而言，都很難與一九六〇年的安保抗爭比擬。當年那場讓人熱血沸騰的抗議活動，讓許多人難以忘懷，但終究要隨著時間，慢慢地走入人們的記憶當中，逐漸遠去。

日本即將要走入一個屬於經濟發展的時代。

第廿七章

高度經濟成長：告別戰後

一九五九年，日本有場萬眾矚目的婚禮，主角是當時的皇太子明仁親王與他的未來另一半美智子。婚禮當天，不但有五十萬人上街慶祝，守在電視機前收看實況轉播的觀眾，估計更超過了一千五百萬人。

皇太子的婚姻本來就是件大事，但這場婚禮之所以受人矚目，還有個更重要的原因：女方美智子，是日本第一位出身平民的皇后。

日本皇室向來只從貴族中選妃，身為天皇繼任人選的明仁親王，原本也打算遵循傳統。不過，當時天皇家的聲譽低落，許多女性對嫁給未來的天皇這件事，竟然興趣缺缺。據說明仁還曾喪氣地表示：「我該不會一輩子都結不成婚了吧。」

當明仁準備迎娶平民女性的消息傳出，日本全國上下都大感驚訝，這畢竟是打破傳統的決定。因此，不但皇室內出現反對聲音，甚至有傳言當時的皇后——也就是明仁的母親還為此流下眼淚。但明仁的父親，當時在位的昭和天皇，態度倒是相對開放，只說一切可以按照皇太子的意思。

相對於皇室內部的複雜反應，民間對這個消息的反應就正面許多。當時有媒體稱美智子為日本的灰姑娘，不過這種說法不太準確，美智子雖然不是皇家出身，但也不能算是家境小康。她的父親是一家食品公司的社長，美智子從小就接受良好的教育，她在大學時候主修英國文學，語言能力出色，運動神經也相當發達。明仁與美智子第一次相遇，就是在網球場上。

皇太子明仁親王成婚。

當時明仁前往觀光勝地輕井澤避暑，參加附近的網球比賽，對手由美智子與一名外國人搭檔組成。比賽結果，明仁輸給了美智子，但他卻開始了追求行動。

然而，美智子和她的父母一開始對嫁入皇室都有些遲疑。平民皇后，畢竟是前所未有之事。但明仁的態度堅定，多次電話懇談，美智子終於點頭答應。外界傳言，明仁還曾對美智子家人苦苦哀求，不過明仁對此矢口否認，美智子也對外澄清絕無此事。

婚禮記者會上，有人問美智子對明仁的印象，美智子回答說：「是很乾淨的人，誠實而出色，能夠讓人由衷地信賴。」這一番未加修飾、十分平民化的說法，立刻引起了廣大迴響，成為了社會上的熱門話題。

明仁與美智子的婚姻，反映著二次

大戰之後日本天皇形象的轉變，也宣告著日本社會整體的變化。過去的天皇總是高高在上、不可侵犯，到了二戰戰敗之後，昭和天皇聲譽一落千丈，甚至一度被其他國家視為戰犯，從此喪失了「神性」。

身為天皇候選人的明仁，作風與父親大異其趣，不但娶了平民做皇后，也處處顯露著親民作風。人們對於皇室仍然充滿著「尊敬」，但已經不再感到「畏懼」。

更受歡迎的還是嫁入皇室的美智子，從婚約宣布那一刻起，她的一舉一動都是媒體焦點，她的打扮也成為當時女性爭相模仿的對象。因為她，日本颳起了一股「美智子旋風」，為了觀看她的婚禮，許多日本人特別在家裡添購了一臺電視，日本公共電視臺（ＮＨＫ）的訂閱率，也因此成長了一倍。

皇室的喜訊不僅鼓舞著人心，為老百姓帶來希望，也像是要帶領著國家揮別戰爭陰影，迎接新的時代。

當年那場苦澀的戰爭，如今已經逐漸遠離日本人的生活。一九五六年日本政府的經濟白皮書結論就說：「已經不再是『戰後』了。」這意思是，戰爭帶來的破壞與傷痕，如今已經漸漸在修復當中。日本的生活水準，經過十多年的努力，終於又回復到戰爭以前的水準。

但這也只是「復原」而已，從一九六〇年代開始，日本的經濟才要真正地起飛。

一九六〇年，皇室婚姻過後一年，日本的內閣首相岸信介因為處理安保抗爭失當，黯然下臺，接任的首相名叫池田勇人，他曾經在岸信介領導的政府工作，但後來因為雙方意見不合，池田辭職退出，他因而時常被視為反岸信介的勢力。

池田勇人上臺後，為了平息岸信介留下的民怨，推出了一個大膽的經濟計畫：要在未來十年內，讓日本國民收入成長一倍。

這個計畫怎麼聽都太過不切實際、近乎幻想，所以起初日本國內的輿論並不支持，報紙上的批判聲音更是不斷出現。根據民意調查，當時只有不到百分之十五的民眾認為這個計畫能夠完成。此外，在一九六〇年年底，日本內閣宣布首相月薪增加十萬，閣員增加七萬，也被嘲諷是官員「帶頭增加所得」。

沒想到，在接下來的幾年內，日本的國內經濟，竟然真的以幾乎超過百分之十的速度快速成長，新內閣的計畫最後比預期的時間更早達成。政策宣布十年後，日本的經濟規模已經比原來成長了三倍。

日本的經濟奇蹟到底是怎麼發生的？這個問題引起了熱烈的討論。有人認為這要歸功於能幹的日本官員，負責經濟發展的通商產業省，尤其居功厥偉。

但是，近年來有些學者對這種說法提出了質疑。他們的研究發現，日本政府當時推出的許多政策不但無助產業發展，反而帶來反效果。真正成功的產業，不是依靠政府的介入，而是在國內激烈競爭的環境中成長茁壯。

無論哪種說法比較有說服力，可以確定的是，日本驚人的經濟成長有著重要的國際背景。二次大戰後的日本，因為解除了一切武裝，軍事支出的花費大為減少，可以專注於經濟發展。而從敵人變成盟友的美國，提供各種貿易上的協助，更成為了戰後日本經濟成長的關鍵因素。

不只是日本，東亞世界中其他與美國同盟的國家，像是臺灣與南韓，也在差不多時間，走上了經濟發展的道路——不過是特殊的「獨裁發展」。一九六〇年代的臺灣還是黨國不

皇太子明仁親王於結婚儀式中身著「黃丹衣」，太子妃美智子則身穿「五衣唐衣裳」（又稱「十二單」）。

分，由蔣介石帶頭的國民黨一黨專政；無獨有偶，南韓的獨裁者朴正熙也在一九六三年藉由軍事政變而上臺，開始了他十六年的總統生涯。

當時的美國，為了防止蘇聯與中國的共產勢力發展，把臺灣與南韓都視為重要的前哨站。在美國庇蔭下，這兩個國家得以透過產品出口外銷，帶動國內經濟發展。

美國為了扶持「盟友」，對於臺灣和南韓兩個政府的獨裁政策、恐怖統治，和侵害人權的事實，也就睜一隻眼閉一隻眼。有些美國學者樂觀地認為，只要經濟能夠起飛，總有一天民主一定會到來。不過，對於生活在獨裁體制下的人而言，那一天顯得非常遙遠。

也是因為美國的介入，原本關係惡劣的日本與南韓，在經歷多年的磋商後，終於在一九六五年簽下了一紙條約，宣告兩國關係「正常化」。

根據這份條約，日本要提供南韓大筆的經濟援助，其中有一千多億日圓（三億美金）是無償贈予，還有六千多億日圓（兩億美金）是長期貸款，這是一筆不小的支出，也成為南韓經濟發展的重要資金，不過在一些人眼中，它不過是日本對於當年殖民與戰爭犯罪所付出的賠償與代價。

無論如何，日本能夠出錢援助盟友，足以證明自己已經走出戰爭的陰霾，搖身一變，成為世界上數一數二的經濟大國。

如果只看表面上的數字，池田勇人的高度經濟成長，確實是一項美好的政策。

不過，經濟成長並不只是數字遊戲，也得看一般人的感受。而當時許多老百姓心目中的高度經濟成長，和政府宣稱的卻可能不太一樣。當時，人們平均薪水收入的確增加了，但同一時間，物價指數也在快速飆高。換句話說，錢變薄了，同樣東西必須花更多錢才能買到，經濟成長的效果因此被大幅削弱。

還有，為了維持經濟成長，這一代的日本人，特別是日本男性，每天有做不完的工作，幾乎是把生命賣給公司，家庭的責任則丟給妻子一人承擔。

除此之外，日本都市居住環境，也隨著人口的增加而開始急速惡化。三百多年前開始發展的江戶城，如今變成了擁擠不堪的東京都，房價高得讓一般人難以接受。很多人負擔不起高昂的房價，只能移居到郊區，每天花一、兩個鐘頭的時間通勤。想要留在東京市區居住的人，大多也只能擁有一小塊極為狹隘的空間，毫無生活品質可言。

交通設施也無法趕上人口的成長，曾有一段時間，東京地鐵的站員，每到上下班的尖峰時刻，就必須將過多的乘客硬擠進電車裡。東京成了名副其實的通勤地獄。

更嚴重的問題，是經濟發展對環境造成的破壞。工業污染的問題，開始在各地傳出，大多是當地工廠因為追求短期利益，不重視環境保護，導致周邊的居民染上奇怪的疾病。這些公害事件中的患者大多是社會上的弱勢，還有許多老人與小孩——在高度經濟成長的奇蹟中，他們卻無從享受美好的日子。

換句話說，高度經濟成長這個遠大的夢想，同時也製造出了許多的問題，只不過，在一九六〇年代，日本人可以把這些問題暫時放在一邊，大家全心全意地「拚經濟」，公害可以不顧，環境問題可以不管，甚至政治上出現的弊害，也可以視而不見。

只是，經濟成長總是有結束的一天，不可能永無止境地發展下去。而當那一天到來的時候，為了成長而付出的代價，終究會變得越來越清晰，直到讓人再也不能迴避。

第廿八章

電視：一億個白痴的社會

在高度經濟成長的時代，許多人離開了農村，進入到城市裡工作。從一九五〇年到一九七〇年，短短二十年內，東京的人口增加數就超過了五百萬。

這些人口不僅為新興的工業提供廉價勞力，也開啟了日用家電的新市場。離開家鄉的年輕人，在都市裡成家立業，建立新的家庭，也成為新一代家電的消費者。因為經濟成長，日本的一般民眾也能享受更好的物質生活。

在眾多家電中，以黑白電視的地位最為重要，它和冰箱、洗衣機並列為戰後的「三神器」。當時超過九成以上的日本家庭，都擁有一臺電視機，幾乎等於日常生活必需品。一臺小小的電視機，改變了日本人的日常生活。無論是皇室婚姻還是棒球比賽，又或者是臨時爆發的新聞事件，日本電視臺都能提供同步的實況轉播，當年明仁與美智子的婚姻只是眾多的例子之一。一九六三年，美國甘乃迪總統遭到暗殺的畫面，也隨著衛星轉播，在日本的電視螢幕上重複播放。

只要打開電視，觀眾可以親眼見證全世界正在發生的事情，這是過去難以想像的經驗。就連政治人物，也必須開始上電視與民眾溝通。

電視也改變了日本人的娛樂生活，從前的人們閒暇時讀書、聽廣播、看電影或是參加表演活動，如今這些活動都被看電視取代。因此，在電視臺剛起步的時候，日本的電影公司對這個競爭者充滿敵意，甚至要求旗下演員不得參與電視劇演出。找不到大牌明星的電視

（上）大宅壯一。（下）二次大戰期間，日本國民精神總動員標語：「前進吧，一億顆火球！」

公司，也只能先引進美國的戲劇來墊檔，沒想到卻大為風行，讓美國的電視明星意外地打入日本市場。

當然，電影公司的防堵策略沒能維持太久，日本的電視觀眾人數不斷增加，收視時間還比國際平均時數更長。根據一九六五年的調查，一般日本人平均一天會看兩個多鐘頭的電視，家庭主婦更長，將近四個鐘頭，電影根本無法與之比擬。隨著市場的變化，許多電影明星開始轉戰小螢幕，參與電視戲劇演出。觀眾在哪裡，哪裡就是娛樂事業的兵家必爭之地。

但是，也有人對於電視帶來的大眾娛樂感到不滿。早在一九五七年，一位以毒舌為名的社會評論家大宅壯一就說，電視臺為了追逐收視率，推出一些低級的節目，會使日本人停止思考，最後將讓全國一億人口都變成白痴。

日本人喜歡用「一億」來代表全國人民。二次大戰期間，日本軍方宣傳的口號之一就是「一億一心」，要全國民眾團結，一致對外；到了戰爭後期，日本的勝算越來越渺茫，又有人喊出「一億玉碎」的口號，就是要不惜任何代價，以保衛國家的生存；戰爭結束之後，日本則提出「一億總懺悔」的說法。大宅壯一的「一億總白痴化」，也是借用這個典故。

不過，「一億總白痴化」的口號，並沒有澆熄日本人對電視的熱情。沒多久，彩色電視在市面上推出，很快就取代了原本的黑白電視，將電視帶來的感官刺激和娛樂效果，推向了新的境界。

日本廣大的收視群眾，會在一九六四年十月十日這一天同步轉開電視，觀看一場盛大活動：東京的奧林匹克運動會。

這是一場遲到的奧運會。早在二十多年前，日本就曾經獲選為奧運的主辦國，不過，當時由於日中戰爭爆發，日本不但遭到其他國家抵制，國內也出現了反對的聲浪，那場應該在一九四〇年舉辦的奧運會，最後只能胎死腹中。

二十多年後，日本捲土重來，又一次爭取到了奧運會的主辦權。為了迎接這次難得的機會，日本政府大手筆地砸下了一兆日圓的預算，推動各種建設——當時日本一年的總預算不過三兆多。

之所以花費這麼多錢，不只是為了建設奧運場館，更重要的是，日本藉著籌辦奧運會的契機，大幅改造了東京周邊的交通網路，包括拓寬道路、建設新的地鐵路線，並完成連接機場與市區的高速公路與單軌電車。但這一兆日圓中超過三分之一的花費是在建造日本的第一條高速鐵路，也就是東海道新幹線。

其實，早在一九四〇年代，日本就有建設高速鐵路的計畫，但和東京奧運一樣，這個計畫最後因為戰爭而停止。戰爭結束後十年，同樣的構想才又捲土重來。

為了順利推動新幹線的建設，日本政府除了編列大筆預算，還向世界銀行借了八千萬美金。在建築團隊日夜趕工下，從東京開往大阪的這一條路線，終於趕上期限、在奧運開幕式的九天前宣告完成。

東京奧運 LOGO。

1964年 東京オリンピック決る

一回で34票獲得

聖火、アジアに初めて

冬季はインスブルック

ブランデージ会長

いままでより一致した支持 IOC会長語る

突如発表「トウキョウ！」

代表団の喜びをきく

ミュンヘン―本社国際電話

（上）一九五九年五月二十七日，《讀賣新聞》報導奧運會場地決定的新聞。（左下）池田勇人。

九天之後，剛剛興奮迎接新幹線誕生的日本人，又一次歡欣鼓舞地看著奧運會的聖火在東京點燃。聖火從奧運會起源地希臘開始傳遞，穿越過半個地球，甚至還曾停留過臺灣，最後以沖繩為起點，進入日本本土，然後兵分兩路，環繞日本全國。聖火所到之處，都讓在地居民興奮不已；東京奧運不只屬於東京這座城市，它是全體日本人的盛宴。

超過五千名來自全世界的選手，參與了這次的奧運會。日本觀眾對於每一場比賽都投以高度關注，電視轉播的收視率屢創新高；其中最受矚目的一場比賽，是日本對決蘇聯的女子排球總決賽。

身為地主國的日本，最後拿下十六面金牌、五面銀牌、八面銅牌，戰績在所有的參與國中排名第三，僅次於美國與蘇聯。

不過，獎牌數目只是次要。對日本而言，東京奧運更重要的意義，是代表國家終於擺脫戰後低迷的氣氛，也象徵享受了高度經濟成長的日本人，能夠再一次有自信地，站上國際舞臺的最中央，成為全世界矚目的焦點。

在奧運結束隔天，推動高度經濟成長的池田勇人向全國宣布，因為健康因素，必須辭去首相一職。一年之後，池田因病逝世，但盛大燦爛的奧運會，已為他的政治生涯劃下了完美的句點。

因為高度經濟成長，日本社會的風氣慢慢地轉向。像安保抗爭那樣政治上的激烈活動，不再是社會主流，取而代之的，是對個人利益的追求。消費與娛樂超越了一切，人們只要活得輕鬆快樂，不要嚴肅思考。

大宅壯一的「一億總白痴化」之說，看似誇大，卻似乎也捕捉到了一絲時代氣氛。

但也或許是物極必反，就在十年高度經濟成長走向末期的時刻，日本社會又出現了騷動不安的氣氛。從一九六八年起，抗爭在全國各地接連爆發。

那本來就是個屬於青春與反叛的年代，學生運動在全世界風起雲湧地

東京奧運拿著火炬跑向聖火臺的坂井義則。

興起。當時美國捲入越南戰爭，勝利的希望看來十分渺茫，政府卻不斷將年輕學子送上前線，看著他們為國犧牲，反對戰爭的學生們，喊出了「只要做愛，不要作戰」的口號。

以美國學生為首的反戰風潮，很快地席捲全球，日本也沾染了這股風氣，理想主義又一次在學生之間蔓延。他們擁抱自由、反抗權威，渴望解放。除了越戰之外，日本學生還有另一個抗議目標：一九六〇年簽訂的新安保條約。當年的條約期限十年，也就是說，距離一九六八年再過不久，美日雙方就要討論是否將條約延長，這也喚起了許多人對於當年抗爭的記憶。

在一些人眼中，高度經濟成長期的日本，社會氣氛已經沉悶到了極點。學生畢業之後，唯一的出路就是找一份穩定的職業，然後工作到退休。日本的終身雇用制度，提供了安全的保障，但很多人的一輩子，就是如此千篇一律地度過，就像是一臺巨大機器中微不足道的小齒輪。

對年輕的學生來說，這樣的社會簡直要讓人窒息。

人生的未來已經夠黯淡無光了，此時日本的大學學費又不斷高漲，最終點燃了學生運動的火種。抗爭活動一場接著一場，不僅在各大學接連爆發，更往下延伸到了高中。

當時的畢業典禮，變成高中生們表達憤怒的場合。他們或者拒唱國歌、或者領到畢業證書後當場撕毀，任何能夠表現反叛的行為，看起來都是如此具有吸引力，就連畢業生的演講內容也越來越激烈。一九六八年福島高中的畢業生代表就在致詞時高呼：「現在的高中，已經不是人格形成的場合，而是大學入學的考試輸送帶，教育中已經沒有人性了。」

隔一年，埼玉縣立浦和高中的畢業典禮中，在校生更對著滿場的畢業生說：「各位前輩的高中生活，是灰色的！」

但其中最激烈的一場抗爭，則出現在日本第一學府，東京大學。

一九六九年一月十九日那天，一群學生佔領了東京大學校園中最具代表性的建築物「安田講堂」。安田講堂的中央有座高聳的塔樓，站在最高處，恰好可以俯瞰整個校園。學生們手中拿著石頭，甚至是汽油彈，守護著這座堡壘。

講堂的外面，則有八千多名的警察，將學生團團包圍。警方出動了警備車和消防車，還有直升機在講堂的上空盤旋。他們動用催淚瓦斯和強力水柱，希望能盡快瓦解學生的抵抗。當天下午，警察衝破了學生的防守線，逮捕了六百多人，這場激烈的學生運動，才終於被迫劃下休止符。

因為這個事件，東大入學考試被迫取消。那一年，東京大學沒有任何一位新生。

學生的抗爭看似手段越來越激烈，但獲得的社會響應卻是越來越少。有些激進的運動人士想要獲得更多關注，甚至發動綁架人質的恐怖行動，結果更是引起了外界的反感，支持的群眾迅速流失。

一九六八年的抗議，當時似乎無比激情，但之後看來，只像是曇花一現。大多數的年輕人，最終仍然穿上了西裝，走進了辦公室，成為這個名為社會的巨大機器中，一個不停轉動的小齒輪。每天下班後，他們能夠享受的娛樂，或許就是不用花費力氣、也不必動腦筋地轉開電視的那一刻。小螢幕創造了一個多采多姿的娛樂世界，也麻痺了他們對社會曾有過的憤怒。

第廿九章

列島大改造：平民首相的夢與挫折

「我今天不是來跟記者報告的，我很討厭媒體，總是把我的話扭曲，我今天要直接向全國國民發表談話。」

一九七二年六月十七日，日本首相佐藤榮作舉辦辭職記者會，現場擠滿了前來採訪的媒體記者，誰也沒想到，佐藤一開口會是這樣的內容。

記者們聽到這番話很不高興，當場揚言要離開。但佐藤榮作毫不退讓，拍了一下桌子說：「你們走吧！」

在場記者因此開始收拾行李，全數退席，以示抗議。剩下佐藤榮作一個人孤零零地在攝影機前，向全民發表他的辭職宣言。

佐藤榮作是日本戰後在位最久的首相，從一九六四年就任以來，前後經歷過四次選舉，總計擔任了七年又八個月的內閣總理職務。在一個人的辭職記者會上，佐藤榮作細數自己一路以來參與的政績，並指責在野黨為了利益，不擇手段地掀起政治惡鬥，令他無法忍受，因此決定下臺一鞠躬，交棒給更有能力的人。

佐藤下臺之後，他所屬的自由民主黨（簡稱「自民黨」），掀起了一場接班人的競爭大戰。

戰後的日本政府採取所謂的「內閣制」，由國會中的最大黨負責執政，而執政黨的領袖，就是內閣首長、日本政府最高領導人。自民黨是當時的執政黨，如果能在自民黨內獲得支持，就可以登上總理大臣的寶座，掌握龐大的政府資源與國家機器。

佐藤在六月宣布辭職，繼任人選的選舉則在七月舉行。當時主要有四個候選人：三木武夫、田中角榮、大平正芳、福田赳夫，都是黨內的重量級人物，被合稱為「三角大福」。

佐藤榮作最心儀的接班人是福田赳夫，這兩個人在黨內屬於同一派系，算是利益共同體。可是沒想到，黨員的選舉結果出來，田中角榮竟然異軍突起，榮獲最高票，一舉登上自民黨總裁的寶座，也成為新的日本內閣首相。

田中角榮上臺的時候，受到全國民眾的歡迎，支持度突破了六成。和日本一般的政治人物很不一樣，田中出身清寒，沒有顯赫的學歷，更不是出身政治世家，他很早就進入建設業工作，靠自己的力量闖出了一片天。

(左)三木武夫。(右)田中角榮。

二十九歲那年，田中出馬參選中央民意代表，從民間踏入了政界。後來他進入內閣，也曾經擔任佐藤榮作的手下。五十四歲的他，在多年努力之後，成為日本政治圈的第一號人物，很多人對這位「平民首相」都寄予厚望。

田中對日本未來也有著遠大的想像，在競選自民黨總裁的期間，他出版了一本《日本列島改造論》，在書中描繪出施政願景。根據這本書的說法，田中角榮最關心的問題，是日本的區域發展不均，人口過度集中於都市。出身鄉下地方的他，有著與其他政治菁英不同的眼光。

他因此提倡促進地方的產業發展，打造中型都市，以疏散擁擠的都會人口；同時打算建造連結全國的高速公路，並且擴展新幹線的數目——在田中執政的時候，日本全國只有兩條通車的新幹線。田中還宣示，要延續高度成長時代的成果，讓日本的經濟成長率維持在兩位數。

有著這本《日本列島改造論》做為指引，田中上臺之後，積極地推動建設，成為行動派的政府。

田中角榮不只在內政上大刀闊斧，在外交上也大膽地採取新的方針。

田中獲選為首相的幾個月前，美國總統尼克森出乎預料，突然訪問北京。這是二次世界大戰之後，美國元首第一次造訪共產中國，由於事先並未對外宣布，全世界都對這次訪問大感驚訝，稱之為「尼克森震撼」（Nixon Shock）。

當然，最受震撼的還是海峽對岸的臺灣，美國雖然尚未與中華人民共和國建交，但是情勢的變化已經相當清楚。

（左）參與第三回先進國領袖會議的福田赳夫（右起第一人）。（右）大平正芳。

田中上臺之後，跟隨著尼克森的腳步，派出了外交部長，前往中華人民共和國洽談建交的事宜。緊接著，田中角榮親自造訪中國，不但見了毛澤東，同時也發表聲明，要與中華人民共和國「關係正常化」——這也意味著日本與在臺灣的中華民國政府斷交。

田中的舉動，不但讓臺灣的政府大為氣憤，也引發日本國內親臺人士的不滿，他們批評田中的舉動，甚至要求撤回決定。只是大局已定，無力回天，中日建交的腳步隨著田中的規劃前進，日臺之間則失去了官方的交誼。

乍看之下，田中角榮帶領著一個有理想、有作為的政府，只是這個日本大改造計畫推行沒多久，問題就一一浮現。比如，田中想要縮短城鄉差距的理想或許美好，但他的政策一宣布，被點名開發的地區地價立刻開始飆漲。結果，投機的財團從中獲利，一般人民卻得承擔苦果。

不巧的是，田中上臺的隔一年，國際間便爆發石油危機。生產石油的中東國家，因為戰爭而停止石油的出口，讓國際石油價格急速攀升。日本百分之九十九的石油都仰賴外國輸入，自然首當其衝。

油價一漲，電價還有各種民生必需品也立刻跟著漲價，就連衛生紙的價格都一口氣翻漲數倍，各地的大賣場之內，甚至出現為了搶購而相互推擠的混亂場景。一場意外的石油危機，為民眾的生活帶來直接的衝擊，也讓日本的高度經濟成長時期劃下了句點。

屋漏偏逢連夜雨，在石油危機的當下，日本的財政大臣因為積勞成疾，突然逝世，讓田中頓失左右手。接替上任的，是當年曾與田中角逐首相大位的福田赳夫。福田並不支持田中四處投資開發的方針，反倒是採取了保守的經濟政策，田中的列島改造計畫，只好暫時擱置。

由於混亂的經濟狀態，田中此時的聲望已經連連下墜，支持度跌到只剩百分之二十。民眾不但對政府感到失望，更對未來感到悲觀。

就在這個時候，科幻小說家小松左京出版了一部名為《日本沉沒》的作品，書中描述日本遭到地震襲擊、火山爆發的末日場景。或許是擊中了民眾不安的心理，這部作品成為了當年最暢銷之作，宛如對於日本未來命運的預言。

不過，如果只是經濟衰退，還不足以擊垮田中角榮，真正讓田中政權「沉沒」的，是接連爆發出來的醜聞。

當時一位記者立花隆，在雜誌發表名為〈田中角榮研究——其金脈與人脈〉的調查報導，人們才知道，原來民間出身的田中角榮，背後的政商關係錯綜複雜，問題重重。這給已經失去民心的田中角榮，帶來致命的一擊。

在眾人圍勦下，田中只好匆匆宣布辭職下臺，他改造日本的夢想，到此也告一段落。

田中下臺兩年後，日本政界爆發了名為「洛克希德事件」的醜聞案，案件的主角是美國飛機製造商洛克希德公司。有人揭發這家公司，為了做生意，曾經賄賂過日本的政壇人士，而身為首相的田中角榮，也赫然在收取賄賂之列。日本的司法部門展開調查，最後認定田中角榮確實做了違法之事，因此將他起訴。

遭到逮捕和判刑的田中角榮，在媒體上不斷喊冤，強調自己的清白，可是他的聲望已經跌到了最谷底。

平民首相傳說，最後以醜聞收場，摧毀的不只是田中個人名譽，還有日本民眾對於政治的信心。密室政治、政商勾結，這些為人詬病的問題，早已存在日本政壇多年，田中角榮的事件，只是讓這些問題浮現出檯面。

在這些表象背後的癥結，是日本長期的一黨專政。田中角榮所屬的自民黨（自由民主黨），在一九五五年由原本的「自由黨」和「民主黨」結合而成。他們結盟的原因，是為了對抗以支持勞工、農民與弱勢為主張、當時聲勢正旺的「社會黨」。

和社會黨相比，自民黨被認為是個保守的政黨，以經濟穩定為號召，與社會改革保持距離。另外，社會黨一直對共產世界態度友善，自民黨則正好相反，傾向與美國攜手合作。

自民黨在誕生之後，便成為日本政壇的多數，從此掌握著政權，從來沒有遭受過嚴重的挑戰。相對地，做為反對黨的社會黨，卻是因為內部意見不同，一路分裂，結果力量分散，對自民黨更無法形成威脅。從一九五五年起，日本就處於這樣一黨獨大的政治結構中，被政治學者稱之為「五五年體制」。自民黨保守的政治主張，也從那時開始，一直籠罩著日本社會。

一黨專政的好處，是可以在不擔心選舉結果的情況下，規劃出長期政策。只要自民黨做得不算太糟，他們可以隨時打出「安定」的招牌，吸引支持者。還有，自民黨內部的不同派系，也讓他們的執政保持了彈性。換句話說，要是黨內任何一派遭到選民唾棄，其他派系仍然可以出面接手。

不過，從選民的角度而言，不管怎麼投票，結果總是同一群人，民主好像是個沒有實質的空殼。更嚴重的是，長期一黨專政，讓政治人物沒有顧忌，為所欲為，最後自然日益腐化。田中角榮的醜聞，也可以說是在這種結構下產生。

田中的醜聞，動搖了保守的日本政壇。自此，儘管自民黨依舊穩坐日本最大黨的位子，但持續走低的支持度，讓他們不得不開始與其他小黨攜手合作。可是，這樣的選擇為自民黨的執政增添了許多變數，因為這意味著他們必須與外人妥協，不再什麼事都能獨自決定。

在那之後，日本的政治脫離了原本過度穩定的狀態。田中之後的許多首相，都在位子上坐沒有多久，便匆匆下臺一鞠躬。不安的氣氛，從此籠罩著日本的政壇。

第三十章

平成：走過失落的十年

田中角榮的時代，不只是政治局勢開始動盪，經濟也因為石油危機而惡化。在石油危機衝擊的當下，日本的年經濟成長率甚至出現負成長，之後也一直沒有起色，只在百分之五左右徘徊。

高度經濟成長的時代，已經一去不復返。在國際大環境的限制下，日本主掌財經的官員，再怎麼力圖振作，得到的成果也相當有限。

面對艱困的環境，有些日本公司開始強調管理技術，重視效率，並且想盡辦法降低人事費用。日本公司的策略，贏得了國際間的矚目，管理學界更是予以好評。這些技術讓日本企業在不景氣的時代，仍能保持穩定的成長。

弔詭的是，在日式的經營管理技術飽受好評之際，日本卻開始出現越來越多「過勞死」的新聞。過長的工時成為日本職場的嚴重問題，企業的發展得由員工的健康交換，不能不說有些諷刺。

一直要到一九八〇年代的後期，日本經濟才又有了起色。這時的日本，景氣開始轉好，日本股市與房地產價格不斷飆漲。一九八九年十二月二十九日，反映日本證券市場狀況的日經指數，登上了史上最高峰，高達將近三萬九千點，比三年前整整翻了一倍。

因為經濟復甦，政府的財政狀況變得有餘裕，日本的企業也開始賺錢——不只賺錢，而且速度驚人。一九八九年日本的索尼公司（Sony）耗資四十八億美金，買下美國哥倫比亞電影公司，已經引起不少人側目；同年十月，日本的三菱集團又買下了位於紐約市中心的洛克菲勒中心，更是在美國引發震撼。

洛克菲勒中心於一九三〇年代蓋成，最主要的一棟建築物樓高七十層，興建者是美國的大富豪洛克菲勒家族，具有十足的象徵意義，結果竟然落入日本企業手中。頓時之間，日本彷彿成為世界上最富有的國家，很多人憂心忡忡，美國的《新聞週刊》（Newsweek）用了一個聳動的標題，宣稱日本「即將買下美國」。

當然，這件事情並沒有發生。這一波的好景氣，是建築在房地產和股票的炒作之上，空有數字，而無實質，因此被稱之為「泡沫經濟」。美麗的泡泡，很快就因為吹過頭而破滅。

洛克菲勒大樓。

一九八九年，就在泡沫經濟的最高峰，高齡八十八歲的昭和天皇，告別了人世。從一九二六年繼位開始，昭和天皇前後在位一共六十三年，橫跨了大半個二十世紀。他在位的期間，日本打了一場毀滅性的戰爭，又從廢墟中站起，努力重建復興，接著經歷高度經濟成長，邁向一個富裕的大國。

昭和天皇的離去，象徵著一個時代就此落幕。戰爭已經成為遙遠的記憶，就連戰後重建，聽起來都像是另一個時代的事。不曾上過戰場，不曾經歷窮困與挨餓的年輕人，而今成為了日本的社會主流。

新的天皇繼位後，將年號取為「平成」，意思是「內平外成」或是「地平天成」，像是一個美好的祝福，寄望整個國家能迎接一個平和的年代。

只是，平成天皇即位沒有多久，日本的泡沫經濟便開始破滅。

在那之後，迎接日本的，是比過去更為漫長的不景氣。原本從帳面上看來賺錢的企業紛紛倒閉，銀行也隨之破產。一度喧騰的證券市場，彌漫著低迷的氣氛，日經指數從最高峰的三萬八千多點，跌了將近一半，之後便在一萬五千點到兩萬點之間徘徊。曾經買下洛克菲勒中心的三菱公司，如今也不得不開始將樓層一一出售。

儘管進入平成年代，日本卻沒有如期望中的平和與順利。報紙上動不動就出現「危機」、「崩壞」等字眼，令人怵目驚心。整個國家的經濟一直欲振乏力，陷入學者口中「失落的十年」。

在失落十年中成長的年輕人，有著與父母親截然不同的生活經驗。

高度經濟成長的時代，就業向來不是問題，只要肯工作，永遠有職缺；而且，過去日本企業採用終身聘用制，也就是進入一家公司中，就可以一輩子在其中工作，直到退休。不但不用擔心失業，薪水還會年年成長。

泡沫經濟過後的時代就不一樣了，年輕人畢業之後，很多人找不到工作，只能到處打工，以求生活溫飽。企業界喊出了「彈性人力運用」的口號，說穿了就是可以視情況解雇員工，降低薪資支出。

日本甚至出現了所謂的「人力派遣公司」，為需要短期人力的公司仲介臨時員工。派遣員工呼之即來，揮之即去，而且成本低廉，所以受到不少企業的歡迎。但派遣員工的工作缺乏保障，薪水更比不上正規員工，往往面臨生活貧困的窘境。

女性的派遣員工，尤其人數眾多，根據一九九七年的統計，有超過四成的女性都是屬於非正式雇用。到了二〇〇二年，更突破百分之五十。

雇用型態的轉變，腐蝕著日本社會的穩定。過去日本有「一億總中流」的說法，也就是大部分人認為自己屬於社會中產階級，有穩定收入，生活富裕，不虞匱乏。而今這樣的結構卻開始崩解，人們的收入朝著兩極化發展，有錢人越來越有錢，貧窮的越來越貧窮。貧富懸殊不斷加大，社會的中堅份子則日漸減少。

由於經濟成長停滯，日本人的生活方式也一點一滴地出現改變。在高度經濟成長的時代，消費是種美德；可是當薪資跟不上物價成長的時候，消費就變得沒那麼簡單了，必須精打細算才行。

由於生活不穩定，不少年輕人對於結婚望之卻步。就算結婚了，許多夫妻也選擇不生小孩——自己都養不活了，哪還有多餘的力氣去養一個小孩呢？

更不幸的是，失落的十年並未在十年之後就劃下句點。相反地，日本經濟持續地低迷，無法振作。有些評論家因此把失落的十年，改成了「失落的二十年」。長期的不景氣，像是一場沒有盡頭、醒不過來的惡夢。

但也是在失落的二十年中，日本迎接了轉變的契機。不論再怎麼努力，高速成長的時代，似乎已經不可能重來。一旦人們逐漸接受這種想法，真正的問題就不再是如何重現過去的榮景，而是如何在低經濟成長的時代下，尋求安穩與舒適的生活。

在這種背景下，社會福利、特別是對於老人的照顧，或是環境保護問題，都成為社會上關心的重點。過去那種為了經濟成長，不惜破壞自然的做法，而今必須重新檢討。日本政府與民間開始講究有效地利用資源，減少浪費。用大量消費堆積出來的富裕生活，不再受到鼓勵。

過去日本女性結婚，擇偶對象是高收入、高學歷，而今專家則呼籲，應該以有同理心以及能夠分擔家事的男性為優先。這說明改變的不只是表面生活方式，而是更深層的社會心態轉變。

二〇〇八年，美國爆發金融危機，波及全球，造成世界經濟陷入衰退。很多人把眼光投向了日本，想知道它是如何度過失落的十年。泡沫經濟當年看來像是一個倒楣而失敗的經驗，而今反倒讓日本變成了他人借鏡的對象。

其實，就算經歷失落的十年，甚至是二十年，日本仍然是國際上名列前茅的重要經濟體，依舊有著舉足輕重的影響力。日本所創造的大眾流行文化，如戲劇、音樂、動畫，都在亞洲各國，乃至世界各地，受到廣泛的歡迎，成為年輕人的共同話題。失落的十年，或許不是太美好的事，但也未必有那麼糟糕。

過去想到長期的不景氣，人們總是認為這是不正常的狀態，政府也總是想盡辦法、用盡手段，希望早日將它擺脫。但如今有些人認為，像一九六〇年代那樣快速的經濟成長，反倒是可遇不可求的，長期不景氣將會是所有先進國家的常態，日本不過是比其他人先走了一步。

二〇一一年三月十一日，日本關東發生大地震。地震引發了海嘯，不但造成沿海地區重大傷亡，更導致福島地區核電廠爐心熔毀、輻射外洩的嚴重事故。

這場地震成為日本進入平成時代以來，最嚴重的一場天災。在大自然面前，日本總是顯得如此脆弱。

但天災也是人禍，現代科技打造出的核電廠，曾經看來像是人類文明的偉大成就，支持著便利的日常生活。但在這場地震中，它不但成為了災難與恐懼的來源，更暴露出電力公司在危機處理的無能與疏失。地震過後，反對核能的聲浪在日本社會中高漲。不久之後，日本政府便宣布，所有核能電廠全部停止運轉。

但核能電廠的問題只是表面，災難過後，有些人開始思考，過去所熱情擁抱的經濟發展、科技文明，是否真的那麼完美無瑕？富裕與便利的生活，真的能夠沒有限制地發展下去嗎？過去的生活型態，會不會有需要調整和改變的地方？當核電廠全部停止運轉後，這些假設性的問題突然變得鮮明而尖銳了起來。

平成時代的日本，告別了「戰後」，卻迎接來了「災後」。這個在過去四百年內，經歷了一次又一次的起落，一次又一次的災難、重建與復興。就像過去每一個重要的關頭，而今擺在它面前的，仍是一個個攸關價值觀的抉擇：日本該選擇擁抱什麼樣的生活？應該在世界上扮演什麼角色？應該追求什麼樣的未來？又應該如何定義進步、現代與文明？

走過失落年代的日本，接下來又會走向何方，或許就要看它們對這些問題，將會選擇如何回答。

海嘯過後一片狼藉的東北地區。

後記

未完的旅程

本書最早的版本，大約兩年前在網路上發表。原本的構想，和目前成書的模樣有些類似，也就是挑選十個關鍵字，透過他們串起近代日本歷史的演變。

最初的動機只是一時興起，想把當時的讀書筆記整理出來。那個夏天我在日本做研究，讀了一些書，充分感受到日本歷史豐富的魅力，但也同時感受到意猶未盡。在日本，導論性的書雖然不少，但許多作者的寫作方式相當傳統，尤其以政治、軍事等為主，有時難免枯燥沉悶，近期才有一些比較多元的形式。至於有些大部頭的叢書，集合眾多專家學者之力，內容豐富，但對一般讀者卻未免過於專門。

更重要的是，這幾年我越來越感覺，翻譯的作品，無論譯者再怎麼優秀，終究是翻譯的作品。比如，一本以日語書寫的日本歷史，作者心中預想的讀者，當然是日本人。也因為如此，它在內容的挑選、文字的使用，乃至於論述的觀點，都會以此為標準。這麼一來，使用自己熟悉的語文書寫歷史，就顯得格外地重要。

但語言只是表象，更進一步的問題是，我們是否能夠因此找到一個屬於自己的觀點？一個不同於日語、英語或是其他語言世界的觀點？同樣的問題不只適用於日本歷史，也同樣套用在其他國家、其他地區，乃至於世界史的書寫上。

在這一點上，我不敢說本書做得很成功——事實上，它距離理想還非常遙遠。但我希望拋磚引玉，期待能有更多人朝著這個方向，繼續嘗試。

本書最早的稿子發表後，在網路上收到了一些迴響，也有出版社的朋友好意垂問，我想趁這個機會謝謝他們的指正和鼓勵。當然，最要感謝的是平安文化的櫶甄、維鋼和其他協助的人員，他們為本書付出了許多心力。

另一個常被問到的問題，則是為何會將臉書專頁取名「大人的世界史」（也是本書書名由來）？其實，一開始選擇這個名稱，主要只是因有趣居多。當時在日本看到處處都有以「大人」為名的出版品或活動，比如是大人的科學、大人的旅遊，凡此種種。

但真要說的話，「大人的世界史」也許有另一層的意義。在我們的娛樂文化、大眾媒體或新聞傳播中，對於各種社會現象，時常著急地區別好人與壞人，好像中間的界線十分輕易可以劃出來；彷彿只要把人貼上標籤，對於世界的理解就大功告成了。

可是，黑白分明的觀點，很難引領我們進一步的認識真實世界。更為成熟的思考，或許是要慢慢擺脫簡化的觀點。這也是本書希望強調的：歷史有其複雜跟偶然的一面，社會也是，一件事的好與壞，正面與負面，往往相互交織在一起的。

除此之外，古羅馬時代的哲學家西賽羅，也曾留下一句關於歷史的名言，他說：「如果你對出生以前這世上發生過的事情一無所知，你一輩子都將活得像個兒童。」歷史擴展人的視野，讓人成長。

這或許是當初選擇「大人」兩個字，不經意傳達的訊息。

最後，本書在寫作的過程中，參考了許多中、日、英語的書籍和研究作品。我們決定將參考書目，連同相關的年表、地圖，以及延伸的文章，放在網路上，除了節省本書的篇幅，也是能夠隨時間更新。歡迎有興趣的讀者到「故事：寫給所有人的歷史」中尋找「大人的世界史」專欄，或直接到 http://gushi.tw/archives/8026，繼續這段未完的旅程。

國家圖書館出版品預行編目資料

大人的日本史 / 涂豐恩作. -- 初版. -- 臺北市：平安文化, 2015.06
面； 公分. --（平安叢書；第480種）(知史；03)
ISBN 978-957-803-962-9（平裝）

1. 日本史

731.1 104007938

平安叢書第0480種
知史 [3]

大人的日本史

作　　者—涂豐恩
發 行 人—平雲
出版發行—平安文化有限公司
台北市敦化北路120巷50號
電話◎02-27168888
郵撥帳號◎18420815號
皇冠出版社（香港）有限公司
香港上環文咸東街50號寶恒商業中心
23樓2301-3室
電話◎2529-1778　傳真◎2527-0904
總 編 輯—龔橞甄
責任編輯—蔡維鋼
美術設計—王瓊瑤
著作完成日期—2015年02月
初版一刷日期—2015年06月
初版九刷日期—2019年01月
法律顧問—王惠光律師

讀者服務傳真專線◎02-27150507
電腦編號◎551003
ISBN◎978-957-803-962-9
Printed in Taiwan
本書定價◎新台幣300元／港幣100元